René Zdebel

Die Bilanzierung von Bitcoins nach HGB und IFRS

Die digitale Transformation in der Rechnungslegung

Bibliografische Information der Deutschen Nationalbibliothek:

Die Deutsche Nationalbibliothek verzeichnet diese Publikation in der Deutschen Nationalbibliografie; detaillierte bibliografische Daten sind im Internet über http://dnb.d-nb.de abrufbar.

Impressum:

Copyright © Science Factory 2019

Ein Imprint der Open Publishing GmbH, München

Druck und Bindung: Books on Demand GmbH, Norderstedt, Germany

Covergestaltung: Open Publishing GmbH

Inhaltsverzeichnis

Abbildungsverzeichnis V

Tabellenverzeichnis VI

Abkürzungsverzeichnis VII

1 Problemstellung 1

2 Technologische Grundlagen der Bitcoin-Blockchain 3

   2.1 Distributed Ledger Technologie 3

   2.2 Das dezentrale Netzwerk 3

   2.3 Asymmetrische Kryptografie 4

   2.4 Mining 6

3 Abgrenzung von Geld und Bitcoins 8

   3.1 Geldfunktionen und Geldformen 8

   3.2 Geldeigenschaften 10

   3.3 Geldeigenschaften des Bitcoin 12

   3.4 Geldfunktionen des Bitcoin 15

   3.5 Ergebnis und Ausblick 20

4 Bilanzierung von Bitcoins nach HGB 21

   4.1 Allgemeine Bilanzierungsfähigkeit 21

   4.2 Ausweis 21

   4.3 Bewertung 27

   4.4 Mining 30

   4.5 Kritik und Ausblick 33

5 Die Bilanzierung von Bitcoins nach IFRS 36

   5.1 Allgemeine Bilanzierungsfähigkeit 36

   5.2 Ausweis 37

5.3 Bewertung 42

5.4 Mining 45

5.5 Kritik 48

5.6 Lösungsvorschläge 51

5.7 Ausblick 53

6 Thesenförmige Zusammenfassung 54

Anhang 57

Literaturverzeichnis 60

Fachnormverzeichnis 67

Rechtsprechungsverzeichnis 68

Rechtsquellenverzeichnis 69

Abbildungsverzeichnis

Abbildung 1: Ablauf einer Bitcoin-Transaktion 5
Abbildung 2: Kursverlauf des Bitcoins im Januar 2019 58
Abbildung 3: Prozentuale Verteilung weitergeleiteter Blöcke 59

Tabellenverzeichnis

Tabelle 1: Wechselkurs, Transaktionen und -Gebühren im Januar 2019 57
Tabelle 2: Verteilung weitergeleiteter Blöcke 59

Abkürzungsverzeichnis

BaFin	Bundesanstalt für Finanzdienstleistungsaufsicht
BGB	Bürgerliches Gesetzbuch
BTC	Bitcoin (als Währungseinheit)
EU	Europäische Union
FIFO	First-In-First-Out
FVOCI	Fair Value through Other Comprehensive Income
FVPL	Fair Value through Profit and Loss
ggf.	Gegebenenfalls
GuV	Gewinn- und Verlustrechnung
HGB	Handelsgesetzbuch
i.d.R.	In der Regel
i.F.v.	In Form von
i.H.v.	In Höhe von
IAS	International Accounting Standards
IASB	International Accounting Standards Board
IFRS	International Financial Reporting Standards
LIFO	Last-In-First-Out
Mio.	Millionen
OCI	Other Comprehensive Income
P2P	Peer-to-Peer
RHB-Stoffe	Roh-, Hilfs- und Betriebsstoffe
S&P 500	Standard & Porös 500 Aktienindex
USA	Vereinigte Staaten von Amerika
VFE-Lage	Vermögens-, Finanz- und Ertragslage
WpHG	Wertpapierhandelsgesetz

1 Problemstellung

„Ich habe das Gefühl, dass sich Ökonomie und Rechnungslegung gegenwärtig auseinanderentwickeln: Welche Bilanzierungskonsequenzen ergeben sich aus der Digitalisierung der Wirtschaft? Wo diskutieren wir das Thema „digitale Währungen" wie Bitcoin?"[1]

Die digitale Transformation beschleunigt und verändert den Wirtschaftsalltag und wird mitunter als 4. Industrielle Revolution bezeichnet, die Akteure fortführend vernetzt. Auch der Finanzsektor unterliegt dabei grundlegenden Veränderungen. Fintechs transformieren die Geschäftsmodelle der Bankenwelt durch Finanzinnovationen und bieten digitale Alternativen zu traditionellen Banken. Das Potenzial, nicht nur disruptive Veränderungen im Bankensystem auszulösen, sondern dieses gänzlich zu ersetzen, wird dabei der Bitcoin-Blockchain zugesprochen, die als dezentral konzipiertes Geldsystem vollkommen auf Finanzintermediäre verzichtet.[2]

Die Grundlagen der Bitcoin-Blockchain wurden 2008 durch Satoshi Nakamoto in einem White Paper veröffentlicht, indem die Notwendigkeit von Intermediären im klassischen Geldsystem hinterfragt wird. Nakamoto kritisiert, dass konventionelle Geldsysteme auf fehlplatziertem Vertrauen in Finanzintermediäre basieren. So werden Banken die Verwahrung des Geldes anvertraut, die dieses jedoch verleihen aber nur kleinste Reserven halten. Zentralbanken werden mit dem Schutz vor Inflation beauftragt, sind jedoch durch Aufblähen der Geldmenge vielmals selbst Verursacher der Inflation.[3] Der Auftritt von Finanzinstituten als Konfliktlöser bedingt, dass Transaktionen umkehrbar sind, sodass Betrug möglich ist und unnötige Transaktionskosten anfallen. Bitcoins können diese Probleme lösen, da sie keine Grundlage zur Inflationierung bieten und anonymisierte, unumkehrbare Transaktionen ermöglichen, deren Sicherheit ausschließlich auf kryptografischen Beweisen, nicht auf Vertrauen in Finanzdienstleister beruht.[4]

Seit Veröffentlichung des Grundlagenaufsatzes Nakamotos konnten sich Bitcoins rasant im Wirtschaftskreislauf etablieren. Aktuell werden ca. 300.000 Transaktionen tagtäglich mittels des Bitcoins abgewickelt, die eine Marktkapitalisierung von

---

[1] Backow (2017), S. 197ff.
[2] Brühl (2017), S. 135; Kirsch und von Wieding (2017), S. 2731.
[3] Ein aktuelles Beispiel für ein unter Inflation leidendes Währungsgebiet ist Venezuela.
[4] Nakamoto (2008), S. 1; Nakamoto (2009). Satoshi Nakamoto ist ein Pseudonym. Der wahre Name des Autors oder Autorenkollektivs ist bis heute nicht bekannt.

ca. 60 Mrd. USD erreichen. Auch das Schürfen neuer Bitcoins, das sog. Mining, erfreut sich immer größerer Beliebtheit.[5] Bitcoins beeinflussen mehr und mehr die Geschäftsmodelle von Unternehmen, die diesen bereits als Zahlungsmittel akzeptieren und im Geschäftsalltag einsetzen oder gewerbliches Mining betreiben. Während die Bedeutung von Bitcoins in Disziplinen der Ökonomie, Rechtswissenschaften oder Steuerwissenschaften bereits ausgiebig diskutiert wird, findet eine Auseinandersetzung im Rahmen der Rechnungslegung bisher kaum statt. Nationale sowie internationale Gesetzgeber und privatrechtliche Standardsetzer haben bisher keine orientierungsgebenden Richtlinien veröffentlicht, sodass eine Bilanzierung des Bitcoins anhand bestehender Gesetze oder Standards erfolgen muss.[6] Dies eröffnet die Frage, ob sich Bitcoins in das existierende Gefüge des HGB und IFRS einordnen lassen oder Abbildungsschwierigkeiten bestehen, die erfordern, dass Vorschläge zur Bilanzierung entwickelt werden müssen.

Zur Beantwortung dieser Frage werden zunächst im zweiten Kapitel die technischen Grundlagen der Bitcoin-Blockchain erörtert. Um das wirtschaftliche Gehalt treffend abbilden zu können, folgt im dritten Kapitel eine ökonomische Analyse, in der anhand von Geldeigenschaften und Geldfunktionen untersucht wird, ob Bitcoins bereits heute Geld im volkswirtschaftlichen Kontext darstellen (können). Kapitel vier und fünf nehmen sich dann der Bilanzierung nach HGB und IFRS an. Hier wird zunächst untersucht, ob sich Bitcoins in die bestehenden Regelwerke einordnen lassen. Ist eine bilanzielle Abbildung möglich, wird im darauffolgenden diskutiert, ob diese dem ökonomischen Verwendungszweck der Bitcoins entspricht und eine sachgerechte Abbildung hinsichtlich der Zielsetzung des Jahresabschlusses ermöglichen. Ist dies nicht der Fall, sollen abschließend Empfehlungen abgeleitet werden, die eine sachgerechte Bilanzierung, gemäß den Jahresabschlusszielen nach HGB und IFRS, ermöglichen.

---

[5] Vgl. https://coinmarketcap.com/de/, abgerufen am 13.03.2019 und Anhang.
[6] Vgl. Keiling und Romeike (2018), S. 268.

2 Technologische Grundlagen der Bitcoin-Blockchain

2.1 Distributed Ledger Technologie

Grundlage der Bitcoin-Blockchain ist die Distributed Ledger Technologie. Ein distributed Ledger ist ein verteiltes Kontenbuch, das von jedermann öffentlich einsehbar und kopierbar ist und dezentral gespeichert wird, d.h. Transaktionsinformationen werden nicht auf einem einzelnen Server, sondern in einem dezentralen Netzwerk der Teilnehmer („nodes") gespeichert.[7] Somit entsteht eine dezentral gespeicherte Datenbank, die von mehreren Teilnehmern des Netzwerks anhand des zugehörigen Protokolls betrieben wird. Die Blockchain verkettet dabei alle getätigten Transaktionen mittels kryptografischer Beweise (digitaler Signaturen) und speichert mehrere Transaktionen in einer Liste von Datensätzen, den Blöcken, ab. Die Berechnung und Validierung eines Blockes wird durch das sogenannte Mining vorgenommen. Dabei bauen neu berechnete Blöcke chronologisch auf die vorherigen auf. Es entsteht eine lückenlose Verkettung von Transaktionen in Blöcken.[8] Die Bitcoin-Blockchain ist ein Zusammenspiel dreier technologischer Konzepte: Dezentrale Netzwerke, asymmetrische Kryptografie und Mining.[9]

2.2 Das dezentrale Netzwerk

Die Bitcoin-Blockchain verwendet ein dezentrales Netzwerk. Dies bedeutet, dass keine zentralen Intermediäre für die Abwicklung und Validierung von Transaktionen verantwortlich sind, sondern diese Peer-to-Peer (P2P) abgewickelt werden. Das P2P-Netzwerk verbindet alle Teilnehmer der Blockchain miteinander, die Daten untereinander austauschen und verteilen können, ohne dabei den Einsatz einer zentralen Steuerungs- oder Kontrollinstanz zu benötigen. Einzige Voraussetzung für die Teilnahme am Netzwerk ist die Anwendung eines Bitcoin-Software-Clients, die kompatibel mit dem zugrundeliegenden Protokoll ist.[10] Jeder Netzwerkteilnehmer besitzt eine Kopie der Blockchain, in der alle jemals getätigten Transaktionen unveränderbar gespeichert werden. Neue Transaktionen müssen zunächst mit den Kopien der Blockchain anderer Teilnehmer abgeglichen werden. Bei Überein-

---

[7] Vgl. European Securities and Markets Authority (2016), S. 8.
[8] Vgl. Geiling (2016), S. 28f.
[9] Vgl. Voshmgir (2016), S. 13.
[10] Vgl. Sixt (2017), S. 31.

stimmung werden diese validiert. Transaktionen sind somit transparent und durch den automatischen Abgleich mit anderen Netzwerkteilnehmern so gut wie fälschungssicher. Die Dezentralität der Bitcoin-Blockchain verhindert Machtkonzentrationen durch einzelne Individuen oder Gruppen und fördert die Robustheit des Systems, da kein zentraler Angriffspunkt entsteht.[11]

2.3 Asymmetrische Kryptografie

Bitcoins stellen keine Münzen an sich dar, vielmehr handelt es sich bei Bitcoins um verkettete Transaktionen. Nakamoto definiert einen Bitcoin als eine Kette digitaler Signaturen. Die Authentizität dieser Kette wird in der Bitcoin-Blockchain durch Verfahren der asymmetrischen Kryptographie gewährleistet.[12] Diese zeichnen sich dadurch aus, dass jeder Netzwerkteilnehmer ein zusammengehöriges Schlüsselpaar besitzt, einen privaten und einen öffentlichen Schlüssel. Hierbei fungiert der öffentliche Schlüssel als eine eindeutige Adresse, ähnlich einer Kontonummer, die als Empfangsadresse für Transaktionen verwendet wird, während der private Schlüssel geheim gehalten werden sollte und dementsprechend wie ein Passwort angesehen werden kann, da dieser den Zugang und die Verwendung der Bitcoins gewährleistet.[13] Die digitalen Schlüssel werden mittels einer Client-Software, der sogenannten Wallet, erzeugt. Die Wallet kann wie ein Konto (bzw. digitale Geldbörse) interpretiert werden und wird benötigt, um am Netzwerk teilzunehmen.[14] Der Einsatz der Schlüssel in einer Transaktion kann vereinfacht durch folgendes Schaubild dargestellt werden:

---

[11] Vgl. Voshmgir (2016), S. 9ff.
[12] Vgl. Nakamoto (2008), S. 2.
[13] Vgl. Voshmgir (2016), S. 13.
[14] Vgl. Sixt (2017), S. 36f.

2 Technologische Grundlagen der Bitcoin-Blockchain

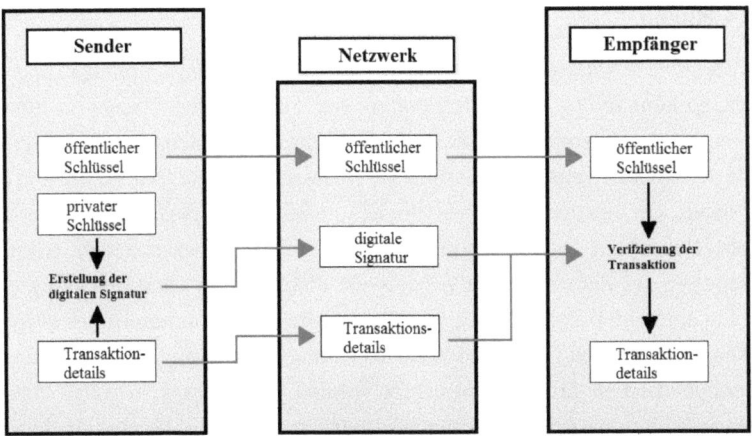

Abbildung 1: Ablauf einer Bitcoin-Transaktion
Eigene Darstellung in Anlehnung an Brühl (2017), S. 136 und Nakamoto (2008), S. 2.

Möchte eine Person Bitcoins transferieren, so veröffentlicht sie eine Nachricht im Bitcoin-Netzwerk. Diese Nachricht enthält Informationen über den Transaktionsinput und -Output. Der Transaktionsinput referenziert frühere Transaktionen an den Sender, die Rückschlüsse ermöglichen, wie der Sender in die Verfügungsmacht der Bitcoins gelangt ist. Der Transaktionsoutput enthält die Empfängeradresse und den Transaktionsbetrag.[15] Die Validierung einer Transaktion geschieht anhand einer verschlüsselten digitalen Signatur, die der Sender durch den privaten Schlüssel erzeugt und zusammen mit den Transaktionsdetails im Netzwerk veröffentlicht. Der Empfänger kann durch Kombination seines öffentlichen Schlüssels und der digitalen Signatur des Senders verifizieren, dass der Sender zur Transaktion der Bitcoins berechtigt ist, da die digitale Signatur nur vom Inhaber des privaten Schlüssels erzeugt worden sein kann, der zum entsprechenden öffentlichen Schlüssel des Empfängers passt.[16] Für eine Transaktion sind keine weiteren Informationen nötig. Ein Auftritt mittels wahrer Identitäten im Netzwerk bleibt damit aus. Durch dieses Verfahren kann jeder Bitcoin zu seinem Ursprung zurückverfolgt werden, da alle Transaktionen durch Kombination digitaler Signaturen und Transaktionsdetails in einer rekursiven Datenstruktur gespeichert werden. Somit sorgt die Bitcoin-Blockchain für Anonymität und Transparenz gleichermaßen.[17]

---

[15] Vgl. Franco (2015), S. 77.
[16] Vgl. Brühl (2017), S. 136; Böhme u.a. (2015), S 215ff.
[17] Vgl. Voshmgir (2016), S. 13; Böhme u.a. (2015), S. 215.

2.4 Mining

Während alle Netzwerk-Teilnehmer Transaktionen senden, empfangen und validieren, so können nur einige Netzknoten, sog. Miner, Transaktionen in Bündeln in neue Blöcke zusammenzufassen, die der Blockchain hinzugefügt werden.[18] Jeder Block wird durch einen eindeutigen Verschlüsselungswert (sog. Hashwert) charakterisiert, der aus den Signaturketten neuer (valider) Transaktionen, einer Zufallszahl (Nonce) und einer Referenz zum vorherigen Block berechnet wird. Durch Verwendung der Referenzwerte werden alle Blöcke linear verkettet und die Blockchain entsteht. Die Berechnung des Hashwertes erfolgt anhand eines kryptografischen Algorithmus. Dieser Prozess wird Mining genannt und kann als Lösung einer mathematischen Aufgabe betrachtet werden.[19] Die Frage, welcher berechnete Block der Blockchain hinzugefügt wird, wird in der Bitcoin-Blockchain durch einen Konsensalgorithmus (proof-of-work), gelöst. Hierbei muss der Hashwert des Blocks mit einer durch das Bitcoin-Protokoll festgelegten Anzahl an führenden Nullen (Nonce) beginnen.[20] Es gibt keine Möglichkeit die Nonce rechnerisch zu ermitteln, vielmehr wird diese durch kontinuierliches Testen so oft verändert, bis der Hashwert die Anforderungen erfüllt. Der Miner, der den entsprechenden Wert als Erstes findet, sendet seine Lösung an alle Netzwerkknoten, die ihrerseits die Lösung überprüfen und bei Validität in ihre Blockchain aufnehmen.[21] Das Anketten eines neuen Blocks nimmt dabei ca. zehn Minuten in Anspruch. Transaktionen im Bitcoin-Client werden nach Anketten von sechs Blöcken als sicher eingestuft. Somit kann eine Transaktion nach ca. einer Stunde als bestätigt betrachtet werden.[22]

Mittels des Konsensalgorithmus und der kryptografischen Verkettung von Blöcken wird die Sicherheit der Blockchain gewährleistet. Einzelne Transaktionen können nicht verändert werden, ohne den Block als Ganzes zu verändern. Der Konsensalgorithmus ist effektiv, solange ehrliche Nodes mehr als 50% der Rechenleistung des Netzwerks kontrollieren, da sich das Netzwerk immer demokratisch auf den längsten validen Block einigt.[23]

---

[18] Vgl. Vgl. Franco (2015), S. 111; Der Begriff Mining leitet sich vom Goldschürfen ab.
[19] Vgl. Brühl (2017), S. 137.
[20] Vgl. Franco (2015), S. 105.
[21] Vgl. Franco (2015), S. 105; Sixt (2017), S. 40.
[22] Vgl. Böhme u.a. (2015), S. 217; Hanl und Michaelsen (2017), S. 366.
[23] Vgl. Brühl (2017), S. 137.

Um am Mining-Prozess teilzunehmen, werden eine entsprechende Hardware, die den nötigen Rechenaufwand bewältigen kann und eine Mining-Software, die eine Verbindung mit der Blockchain herstellt, benötigt. Daneben fallen durch den Verbrauch von Elektrizität weitere (teils immense) Kosten an.[24] Damit Miner die Blockchain fortgehend aktualisieren, ist im Bitcoin-Protokoll ein Anreizsystem integriert. Dieses sieht vor demjenigen Miner, der den nächsten Block an die Blockchain kettet, mittels neuer Bitcoins zu kompensieren (sog. Block-Reward). Seit Juli 2016 erhalten Miner pro berechneten Block 12,5 BTC. Im Protokoll ist verankert, dass sich die Höhe der Block-Rewards alle 210.000 Blöcke halbiert. Dies geschieht ca. alle vier Jahre. Somit kann 2020 mit der nächsten Halbierung gerechnet werden. Da der Bitcoin auf eine Anzahl von 21 Millionen begrenzt ist, werden ca. im Jahr 2130 alle Bitcoins ausgegeben sein. Der Mining-Prozess repräsentiert somit ebenfalls die Geldschöpfung. Neben dem Block-Rewards können Miner auch durch Transaktionsgebühren belohnt werden. Nutzer können bei Transaktionen diese Gebühr angeben, sind durch das Protokoll aber nicht dazu verpflichtet. Welche Transaktionen in einem Block verarbeitet werden, wird durch die Miner letztlich selbst entschieden. Durch Zulage höherer Transaktionsgebühren können Nutzer die Bestätigung ihrer Transaktion beschleunigen. Heute sind Transaktionen ohne beigelegte Gebühren äußerst selten. Insbesondere aufgrund im Zeitablauf sinkender Block-Rewards und steigender Komplexität der Rechenaufgaben, stellen Transaktionsgebühren zukünftig wichtige Anreize dar.[25]

---

[24] Vgl. Procházka (2018), S. 171.
[25] Vgl. Sixt (2017), S. 41f. und S. 101.

3 Abgrenzung von Geld und Bitcoins

3.1 Geldfunktionen und Geldformen

Bereits der Grundlagenaufsatz Nakamotos, *„Bitcoin: A Peer-to-Peer Electronic Cash System"*, verbindet Bitcoins mit dem Geldbegriff. Dies eröffnet die Frage, ob Bitcoins tatsächlich Geld darstellen. Nationale sowie internationale Regulatoren stufen Bitcoins bisher nicht als Zahlungsmittel ein. Andere Staaten, wie Marokko oder Bolivien, haben ihn gar verboten. Lediglich Japan hat Bitcoins auch rechtlich als Zahlungsmittel definiert. Zur Schaffung eines aufsichtsrechtlichen Rahmens, entschied die BaFin virtuelle Währungen wie den Bitcoin als Finanzinstrument in Form von Rechnungseinheiten einzuordnen.[26] Diese Einstufung ist umstritten und wurde jüngst in einem Urteil des Kammergerichts Berlin abgewiesen, welches eine Einordnung von Bitcoins als Zahlungsmittel jedoch ebenfalls ablehnt.[27] Dies verdeutlicht die aktuell unklare Rechtslage. Eine Einordnung in die bestehende Rechtsordnung kann nicht ohne Probleme vorgenommen werden, da mangels gesetzlicher Definitionen des Geldbegriffs eine Einstufung nur relativ zu bestehenden Normen vorgenommen werden kann, die den Geldbegriff voraussetzen (z.B. §§244, 270 BGB).[28] Unabhängig davon könnten Bitcoins jedoch eine neue Erscheinungsform des Geldes im ökonomischen Kontext darstellen.

Zur Beantwortung der Frage, ob es sich aus ökonomischer Perspektive bei Bitcoins um Geld handelt, muss zunächst erläutert werden, was Ökonomen unter Geld verstehen. In den Wirtschaftswissenschaften wird Geld teilweise definiert als alles, was allgemein zur Bezahlung von Gütern oder Dienstleistungen und zur Begleichung von Schulden akzeptiert wird. Verbreiteter ist jedoch die Definition von Geld anhand der Geldfunktionalität in der Wirtschaft. Demnach erlangt Geld seine Bedeutung indem es eine Funktion als Tauschmittel, Recheneinheit und Wertaufbewahrungsmittel erfüllt.[29]

---

[26] Vgl. Deutscher Bundestag (2018), S. 6ff.; Münzer (2014), S. 27; Spindler und Bille (2014), S. 1362.
[27] KG Berlin 4. Strafsenat vom 25.09.2018.
[28] Vgl. Spindler und Bille (2014), S. 1360f. oder Beck (2015) für eine juristische Auseinandersetzung.
[29] Vgl. Hanl und Michaelis (2017), S. 363; Engelkamp und Sell (2013), S. 162.

3.1.1 Tauschmittelfunktion

Ohne die Verwendung von Geld wäre ein Handel nur durch direkten Tausch von Gütern (sog. Barter) möglich. Dies erfordert, dass zwei Handelspartner mit korrespondierenden Bedürfnissen zueinanderfinden. In einer Geldwirtschaft entfällt diese Anforderung. Eine zentrale Aufgabe des Geldes ist die Vereinfachung des Handels, indem es *allgemeine Akzeptanz* als Tauschmittel erfährt. So wird ein angestrebter Tausch in zwei Teilakte geteilt: Der Tausch eines Gutes in Geld und folgender Kauf eines gewünschten Gutes durch Geld. Erst durch den Einsatz des Geldes als Zwischenglied kann in vielen Fällen ein Tausch zustande kommen.[30]

3.1.2 Funktion der Recheneinheit

Durch den Einsatz von Geld kann der Wert von Gütern in einer vergleichbaren Bezugsgröße erklärt werden und das Geldmedium somit ein Wertmaßstab darstellen. Ohne Geld müsste für jedes Gut das Tauschverhältnis zu allen anderen Gütern ausgedrückt werden. Die Verwendung von Geld als Recheneinheit ermöglicht somit Transparenz und vermindert die Informationskosten von Tauschgeschäften.[31]

3.1.3 Wertaufbewahrungsfunktion

Durch die Tauschmittelfunktion des Geldes kann ein Tauschvorgang in zwei Teilakte getrennt werden, die in der Regel zeitlich auseinanderliegen. Damit die Tauschmittelfunktion durch den zeitlichen Abstand der Tauschteilakte nicht beeinträchtig wird, muss diese im Zeitverlauf gewährleistet sein, indem das Geld (relativ) wertkonstant bleibt. Mittels der Wertaufbewahrungsfunktion des Geldes kann Kaufkraft in die Zukunft verschoben werden.[32]

Historisch hat Geld viele Erscheinungen angenommen, die die Geldfunktionen mehr oder minder erfüllen. Von der Form des Warengeldes (z.B. Vieh) über Münzgeld aus Gold bis hin zu Banknoten, deren Beträge durch Edelmetalle gedeckt waren, hat sich Geld in der modernen Gesellschaft hin zu Fiatgeld entwickelt.[33] Fiatgeld beschreibt Geld ohne intrinsischen Wert, welches durch Regierungsbeschluss als gesetzliches Zahlungsmittel bestimmt wird. Im 20. Jahrhundert hat Fiatgeld das

---

[30] Vgl. Mankiw (2013), S. 80 und Engelkamp und Sell (2013), S. 163.
[31] Vgl. Engelkamp und Sell (2013), S. 163 und Deutsche Bundesbank (2017a), S. 11.
[32] Vgl. Mankiw (2013), S. 80 und Engelkamp und Sell (2013), S. 164.
[33] Vgl. Deutsche Bundesbank (2017a), S. 12ff.

Geld durch Edelmetalldeckung abgelöst und tritt heute in den Volkswirtschaften durch Bargeld in Erscheinung.[34] Eine weitere heutige Form des Geldes ist das Buchgeld bzw. Giralgeld. Hierbei handelt es sich um jederzeit fällige Sichteinlagen bei Banken. Der Begriff leitet sich davon ab, dass Buchgeld nur in den Büchern der Banken existiert. In Deutschland ist Bargeld die beliebteste Zahlungsmethode, doch die Bedeutung bargeldloser Zahlungen steigt kontinuierlich.[35] Auch wenn Buchgeld die Geldfunktionen erfüllt und allgemein akzeptiert wird, stellt es kein gesetzliches Zahlungsmittel dar, da es nicht staatlich anerkannt ist und keinen Annahmezwang bei Gläubigern auslöst.[36]

3.2 Geldeigenschaften

In vielen Studien wurde diskutiert, welche Eigenschaften dazu führen, dass Geld marktfähig, gebräuchlich und schließlich als Tauschmittel akzeptiert wird. Viele Geldformen weisen dabei spezifische Eigenschaften auf, die hilfreich bis notwendig sind, um obig beschriebene Geldfunktionen zu erfüllen.[37] Um eine Aussage zu treffen, ob der Bitcoin eine neue Form des Geldes darstellen kann, wird er zunächst auf diese Eigenschaften untersucht. Diese Arbeit folgt dabei einer Auflistung und Terminologie nach Dominik Stroukal (2018), die auf Arbeiten zur Geldtheorie von Jevons, Menger und Hülsmann basiert. Stroukal nennt folgende Eigenschaften des Geldes: Übertragbarkeit, Teilbarkeit, Homogenität, Knappheit und Haltbarkeit.[38]

3.2.1 Übertragbarkeit

Um die Kosten und Mühen des Transports von Geld niedrig zu halten, sollten bereits kleine Einheiten des Tauschmittels ausreichen, um größere Tauschgeschäfte ohne Hindernisse vollziehen zu können. Die Vereinfachung des Transports spiegelt sich in der Historie des Geldes wider: Rohstoffe, die in der Vergangenheit als Warengeld eingesetzt wurden, sind aufgrund größerer Transporthindernisse abgelöst und bis heute durch Fiat- und Kreditgeld (Papiergeld) ersetzt worden. Als Deter-

---

[34] Vgl. Deutsche Bundesbank (2017a), S. 16f.; Deloitte (2018), S 6ff.
[35] Vgl. Engelkamp und Sell (2013), S. 164; Deutsche Bundesbank (2017b), S. 22f.
[36] Vgl. Toussaint (2009), S. 11 und Deutsche Bundesbank (2017a), S. 57.
[37] Vgl. Stroukal (2018), S. 37f.; Hardes (2000), S. 420.
[38] Vgl. Stroukal (2018), S. 38 nach Menger (2007), Jevons (1898), Hülsmann (2008).

minanten dieser Eigenschaft lassen sich insbesondere Transaktionskosten und -Geschwindigkeit bestimmen.[39]

3.2.2 Teilbarkeit

Damit Handelsgeschäfte von Gütern mit unterschiedlichen Preisen barrierefrei vollzogen werden können, ist es notwendig, dass Geld ohne Wertverlust in kleinere Einheiten teilbar ist. Durch die Eigenschaft der Teilbarkeit wird ermöglicht, dass Tauschgeschäfte mit sowohl sehr kleinen als auch sehr großen Mengen abgewickelt werden können.[40] Erst durch Teilbarkeit wird die Recheneinheitsfunktion des Geldes erfüllt.

3.2.3 Homogenität

Jede Einheit des Tauschmittels sollte bezüglich Qualität und Beschaffenheit gleichwertig/homogen sein. Wäre diese Eigenschaft nicht gegeben, würde niemand eine minderwertige Geldeinheit annehmen, wenn er auch eine höherwertige erhalten kann.[41] Gegebene Homogenität von Geldeinheiten erhöht die Erkennbarkeit und führt zu reibungsloseren und schnelleren Transaktionen, da, anders als bei Edelmetallen oder Warengeld, nicht zunächst die Qualität bzw. Reinheit des Stoffes überprüft werden muss, sondern weitreichende Kenntnis über den Wert der Geldeinheiten herrscht.[42]

3.2.4 Knappheit

Damit ein Gut als eine Form des Geldes betrachtet werden kann, darf dieses nicht unkontrolliert vervielfältigt werden. Um die Wertigkeit des Geldes sicherzustellen, sollte dieses in Relation zu Gütern knapp sein. In modernen Volkswirtschaften wird die Knappheit durch Zentralbanken gewährleistet, die die Geldmenge gezielt regulieren.[43]

---

[39] Vgl. Hardes (2000), S. 420 und Stroukal (2018), S. 39f.
[40] Vgl. Hardes (2000), S. 420 und Jevons (1898), S. 36.
[41] Vgl. Jarchow (2010), S. 3; Hardes (2010), S. 420.
[42] Vgl. Stroukal (2018), S. 45 und Jevons (1898), S. 37.
[43] Vgl. Stroukal (2018), S. 46, Barfuss (1983), S. 5.

3.2.5 Haltbarkeit

Ein Medium, das als Geld dient, sollte im Zeitverlauf seinen Wert beibehalten. Es muss auch zu späteren, beliebigen Zeitpunkten als Tauschmedium eingesetzt werden können ohne dabei wesentlich an Kaufkraft zu verlieren. So kann unter dieser Eigenschaft auch der Begriff der Wertbeständigkeit synonym verwendet werden. Weiterhin sollte der Wert des Geldes nicht von seiner Beschaffenheit abhängig sein, d.h. weder aufgrund äußerer Einflüsse oder vieler Handelsgeschäfte an Qualität verlieren, noch verderblich sein.[44]

3.3 Geldeigenschaften des Bitcoin

3.3.1 Übertragbarkeit

Eine Transaktion mittels Bitcoins benötigt lediglich einen Rechner mit einem betriebenen Bitcoin-Client und einen Internetzugang. Insbesondere in entwickelten Staaten stehen diese technischen Hilfsmittel großflächig zur Verfügung. Aktuell besteht zwischen verschiedenen Staaten jedoch eine Disparität bezüglich des technologischen Zugangs.. Während in fortschrittlichen Staaten (z.B. Deutschland, USA) um die 90% der Bevölkerung das Internet nutzen, so liegt diese Rate in weniger entwickelten Ländern deutlich geringer (z.B. Mexico mit 45,1%). Einer Zuordnung dieser Eigenschaft kann demnach nicht zweifelsfrei erfolgen.[45] Hingegen stellt die steigende Verwendung von Smartphones einen kontinuierlichen Zuwachs neuer potentieller Bitcoin-Nutzer dar.[46] Insgesamt kann die Eigenschaft der Übertragbarkeit somit durchaus als erfüllt angesehen werden.

Bezüglich der Transaktionsgeschwindigkeit kann Bitcoins gegenüber klassischer Zahlsysteme eine Überlegenheit zugesprochen werden. Die Bestätigung einer Bitcoin- Transaktion nimmt ca. 60 Minuten in Anspruch und ist damit schneller als Überweisungen innerhalb der EU (ein Werktag), in die USA (ca. fünf Werktage) oder in Entwicklungsländer (bis zu 20 Werktage) und demnach nur der direkten Barzahlung, dem Bargeldtransfer der Western Union und dem Zahlungsdienst PayPal unterlegen, bei denen eine Abwicklung direkt geschieht oder nur einige Sekunden in Anspruch nimmt.[47] Bitcoins steht jedoch eine technische Kapazitäts-

---

[44] Vgl. Hardes (2000), S. 420; Stroukal (2018), S. 45.
[45] Vgl. Gertchev (2013); Statista (2016).
[46] Vgl. Stroukal (2018), S. 39.
[47] Vgl. Hanl und Michaelsen (2017), S. 366; Stroukal (2018), S. 40f.

grenze von sieben Transaktionen pro Sekunde entgegen. Mit etwa 300.000 täglichen Transaktionen (siehe Anhang) ist diese zur Hälfte ausgelastet. Mit steigender Nutzeranzahl könnte sich die Validierung einer Transaktion verzögern. Im Vergleich wickeln die Zahlungskartenanbieter Visa und Mastercard bis zu 2000 Transaktionen pro Sekunde ab. Wird die Kapazitätsgrenze erreicht, neigt das Bitcoin-System zur Verstopfung. Die durchschnittliche Dauer der Transaktionsverifizierung steigt dann zum Teil drastisch an. Der Herausbildung positiver Netzwerkeffekte wird damit entgegenwirkt. Dieses Problem könnte dem fortschreitenden Nutzerzuwachs und die Akzeptanz des Bitcoins schwächen. Ansätze zur Lösung dieses Problems (z.B. Lightning-Network) werden jedoch bereits diskutiert. [48]

Im Januar 2019 betrug die durchschnittliche Transaktionsgebühr des Bitcoins in etwa 0,22 EUR (vgl. Anhang). Damit ist eine Bitcoin-Transaktion günstiger als alternative Zahlungssysteme wie Überweisungen, Western Union oder PayPal.[49] Die fortgehende Halbierung der Block-Rewards sowie der steigende Ressourceneinsatz aufgrund ansteigender Komplexität der Blockberechnungen, lassen vermuten, dass die Transaktionsgebühren in Zukunft ansteigen müssen, damit weiterhin ein Anreiz zum Mining besteht.[50] Es bleibt abzuwarten, ob Bitcoins auch zukünftig eine kostengünstige Zahlungsform darstellen können oder sich Transaktionsgebühren in exorbitante Höhen entwickeln.

Festzuhalten ist, dass Bitcoins potentiell die Eigenschaft der Übertragbarkeit erfüllen und aktuell hinsichtlich Transaktionsgeschwindigkeit und -Gebühren anderen Zahlungssystemen überlegen sind. Eine fortschreitende Verbreitung der benötigten Technologie und Lösungsansätze für Effizienzprobleme lassen vermuten, dass der Übertragbarkeit von Bitcoins auch zukünftig nichts entgegen steht.

3.3.2 Teilbarkeit

Dieses Kriterium ist durch Bitcoins erfüllt. Ein Bitcoin lässt sich in acht Dezimalstellen unterteilen. Die kleinste Einheit, 0,00000001 BTC, wird als Satoshi bezeichnet. Wenngleich bisweilen keine kleineren Einheiten von Nöten sind, könnten diese

---

[48] Vgl. Hanl und Michaelsen (2017), S. 364;Fiedler, Gern und Stolzenburg (2018), S. 753; Poon und Dryja (2016), S 1ff.
[49] Vgl. Stroukal (2018), S. 41f.
[50] Vgl. dazu Cocco, Pinna und Marchesi (2017), S. 14f., die Effizienzprobleme des Bitcoins untersuchen.

dennoch später im Bitcoin-Protokoll implementiert werden. Bei einem durchschnittlichen BTC-Euro-Kurs in Höhe von 3.224,91 EUR im Januar 2019 (siehe Anhang) entspricht ein Satoshi ca. 0,000032 EUR. Somit können unterschiedliche Preise in Bitcoin angegeben und Täusche mit sehr kleinen oder großen Mengen realisiert werden.[51]

3.3.3 Homogenität

Auf die Eigenschaft der Homogenität ist der Bitcoin als rein virtuelles Gut intuitiv schwer zu untersuchen, da Homogenität implizit physische Eigenschaften anspricht. Dennoch ist der Bitcoin relativ homogen: Einerseits kann jeder einzelne Bitcoin aufgrund der Transaktionshistorie unterschieden werden, ist aber andererseits bezüglich seiner Wertigkeit nicht zu unterscheiden.[52] Im Anfangsstadium wurden Bitcoins hauptsächlich genutzt, um kriminelle Geschäfte abzuwickeln (z.B. über den virtuellen Schwarzmarkt „Silk Road"). Aus diesem Grund liegen des Öfteren Nachfrage und Preis nach Bitcoins mit krimineller Historie geringer als nach „unschuldigen". So haben auch teilweise Handelsplattformen „befleckte" Bitcoins nicht mehr ausgegeben.[53] Dies soll jedoch nicht als Gegenargument zur Homogenität des Bitcoins gelten, da der Wertunterschied lediglich durch die subjektive Präferenz des Nachfragenden bedingt ist. Niemand würde die Homogenität eines zerknitterten Zehn-Euro-Scheins anzweifeln, weil gleichzeitig frisch gedruckte im Umlauf sind. Die Kaufkraft beider Alternativen ist gleich, auch wenn wohlmöglich jeder Konsument einen makellosen Schein bevorzugt.

3.3.4 Knappheit

Die Anzahl aller jemals erstellten Bitcoins ist auf 21 Mio. begrenzt. Aufgrund des Konsensalgorithmus „Proof-of-Work" können weder Einheiten des Bitcoins doppelt ausgegeben, noch unkontrolliert selbsterstellt werden. Die Knappheit der Bitcoins wird durch das zugrundeliegende Protokoll gewährleistet.

3.3.5 Haltbarkeit

Die Beschaffenheit eines Bitcoin ist rein digitaler Natur. Somit verringert sich der Wert eines Bitcoins weder durch vielfältige Transaktionen, noch ist er verderblich

---

[51] Vgl. Stroukal (2018), S. 44.
[52] Vgl. Stroukal (2018), S. 45.
[53] Vgl. Jo Pesch (2017), S. 82.

oder verliert durch äußere Einflüsse an physischer Qualität. Wertbeständig ist der Bitcoin aufgrund hoher Volatilität dennoch nicht. Starke Kursschwankungen verhindern oftmals, dass Kaufkraft (sicher) in die Zukunft verschoben werden kann. Allein im Monat Januar 2019 unterlag der BTC-EUR-Kurs Schwankungen von bis zu 20% (vgl. Anhang). Die Geldeigenschaft der Haltbarkeit kann dem Bitcoin aktuell nicht zugeschrieben werden.

Hinsichtlich der Geldeigenschaften kann die Aussage getroffen werden, dass der Bitcoin diese potenziell erfüllt, wobei die Eigenschaft der Haltbarkeit dem Bitcoin aufgrund hoher Wertschwankungen nicht in Gänze zugesprochen werden kann. Hierbei handelt es sich jedoch um einen Status-Quo. Falls sich die Volatilität des Bitcoins zukünftig stabilisiert, könnte die Geldeigenschaft der Haltbarkeit durchaus erfüllt werden. Demnach könnten Bitcoins prinzipiell als Geldform agieren. Um eine Aussage zu treffen, ob bereits heute eine Geldfunktionalität im Wirtschaftskreislauf vorliegt, folgt eine Analyse des Bitcoins auf seine aktuelle Tauschmittel-, Recheneinheits- und Wertaufbewahrungsmittelfunktion.

3.4 Geldfunktionen des Bitcoin

3.4.1 Tauschmittelfunktion

Zentrale Voraussetzung für die Erfüllung der Tauschmittelfunktion ist die generelle Akzeptanz des Tauschmediums. Zwar wird der Bitcoin schon heute als Tauschmittel eingesetzt, dennoch kann (noch) nicht von einer generellen Akzeptanz gesprochen werden. Laut der Homepage *www.btc-echo.de* existieren zum aktuellen Zeitpunkt 248 Akzeptanzstellen in Deutschland, Österreich und der Schweiz, daneben akzeptieren u.a. auch Microsoft, Dell oder die Reiseplattform Expedia den Bitcoin im Online-Handel.[54] Diese vergleichsweise geringe Anzahl von Akzeptanzstellen kann auf Verlustrisiken und Wertschwankungen zurückgeführt werden. Die Validierung einer Transaktion via Bitcoin nimmt ca. 60 Minuten in Anspruch. Händler und Kunden wollen i.d.R. nicht so lange warten bis eine Zahlung bestätigt wurde. Gerade Händler tragen somit ein Ausfallrisiko. Bitcoin-Zahlungen am Point-of-Sale erscheinen daher ungeeignet. Wenngleich ein Restrisiko auch bei Kartenzahlungen vorliegt, existieren für diese Zahlmethode jedoch bereits ausgearbeitete, effektive

---

[54] Vgl. https://www.btc-echo.de/akzeptanzstellen (abgerufen am 14.02.2019); Pospiech (2018).

Versicherungslösungen.⁵⁵ Im Bitcoin-Kontext werden die Probleme der direkten Transaktionsbestätigung sowie starker Kursschwankungen gelöst, indem viele akzeptierende Stellen Zahlungsdienstanbieter wie *Bitpay* nutzen, die Bitcoins auf eigene Rechnung entgegennehmen und für die Akzeptanzstellen direkt in Fiatgeld umtauschen. Es bleibt somit unklar, ob Händler den Bitcoin tatsächlich als Zahlungsmittel akzeptieren, wenn sie sich lediglich dazu bereit erklären, dass ihre Kunden eine Bitcoin-Transaktion anstoßen, die jedoch bei ihnen selbst im Ergebnis nur zum Erhalt der konventionellen Währung führt.⁵⁶

Weiterhin wird nur ein verschwindend kleiner Teil der weltweiten Transaktionen mittels der Bitcoin-Blockchain getätigt. Vergleicht man die momentan tagesdurchschnittlichen Bitcoin-Transaktionen i.H.v. 300.000 (siehe Anhang) mit den Abwicklungen von etablierten Zahlungsabwicklern wie Visa oder Mastercard, so beweget sich diese Anzahl im Promillebereich. Zusätzlich erstellen Nutzer nicht selten verschiedene Bitcoin-Adressen zwischen denen Bitcoins transferiert werden, um die eigene Privatsphäre zu schützen. Nicht jede Transaktion kann daher auf einen Einsatz als Zahlungsmittel zurückgeführt werden. In vielen Fällen findet lediglich eine Vermögensumschichtung statt, was die Bedeutung der Umlaufgeschwindigkeit des Bitcoins weiter schmälert.⁵⁷

Die mangelnde Wertstabilität stellt ein weiteres Hindernis für die Erfüllung der Tauschmittelfunktion dar. Aufgrund dieser wird dem Bitcoin nicht ähnliches Vertrauen wie Fiatwährungen gegenübergebracht. Dies spiegelt sich so auch in einer Umfrage der Online-Institution Statista wider. Nach dieser nutzen bisher lediglich 1,7 % Kryptowährungen als Zahlungsmittel und lediglich weitere 11,4 % könnten sich dies zukünftig vorstellen.⁵⁸ Vielmehr stellt der Bitcoin ein Spekulationsobjekt dar. Hierzu trägt insbesondere die Hoffnung bei, dass der Bitcoin zukünftig weiter an Bedeutung gewinnt oder sogar traditionelle Währungen ablöst und dementsprechend stark an Wert zulegt. Dies vermittelt Investoren das Bild, dass eine Buy-

---

55 Vgl. Hanl und Michaelis (2017), S. 367; Rysman und Schuh (2016), S. 14.
56 Vgl. Rysman und Schuh (2016), S. 14; Hanl und Michaelis (2017), S.364f.; Jo-Pesch (2017), S.89ff.
57 Vgl. Fiedler, Gern und Stolzenburg (2018), S. 752f.; Jo-Pesch (2017), S. 85f.; Möser, Böhme und Breuker (2014), S. 17ff. Eine solche Anleitung zum Schutz der Privatsphäre wird durch die offizielle Homepage des Bitcoin-Netzwerks gegeben unter https://bitcoin.org/de/schuetzen-sie-ihre-privatsphaere.
58 Vgl. Statista (2017).

and-Hold-Strategie bei Bitcoins lukrativ ist. So werden neu geschürfte Bitcoins i.d.R. ebenfalls nicht verausgabt, sondern verbleiben in der Wallet der Miner.[59] Diverse Studien stützen diese Aussage. So zeigen auch Glaser u.a. (2014), die Daten der damalig größten Bitcoin-Handelsplattform Mt. Gox auswerteten, dass Bitcoins hauptsächlich zum Zweck der Vermögensvermehrung verwendet werden.[60] Bitcoins kann somit zum aktuellen Zeitpunkt keine Tauschmittelfunktion zugesprochen werden. Dennoch steigt das Akzeptanzniveau stetig, da sie Schutz vor Falschgeld, Inflation und illegitimen staatlichen Eingriffen bieten und als dezentrales Geldsystem in Wettbewerb zum Teildeckungssystem treten. Grundlegende Anwendungen der Blockchain-Technologie versprechen vielversprechende Perspektiven auf unterschiedlichen Feldern (z.B. Smart Contracts).[61] Diese Vorteile könnten im Zusammenspiel mit einer wertstabilen Entwicklung dazu führen, dass die Nachfrage und allgemeine Akzeptanz weiter steigt. Dann müsste dieser Punkt ggf. neu diskutiert werden.

3.4.2 Funktion der Recheneinheit

Bitcoins erfüllen die Eigenschaft der Teilbarkeit. Sie können in kleine Einheiten unterteilt werden. Damit können Preise von verschiedensten Gütern in Bitcoins angegeben werden. Insbesondere einige Online-Händler quotieren die von ihnen angebotenen Produkte bereits heute in BTC.[62] Dennoch lässt die hohe Kursvolatilität ebenfalls an der Funktionalität des Bitcoin als Recheneinheit zweifeln: In BTC ausgedrückte Preise bilden sich i.d.R. in Abhängigkeit von gesetzlichen Währungen, sodass diese das primäre Wertmaß bleiben.[63] Bestellt man bspw. über den Online-Bestelldienst *Lieferando* eine Pizza, so wird der Preis der Pizza in Euro angegeben und mittels des Zahlungsdienstabwicklers *Bitpay* zum aktuellen Kurs in BTC umgerechnet. Eine andere Handhabe ist aufgrund der im Tagesablauf starken Schwankungen des Bitcoins nicht möglich, da Händler gezwungen wären, kontinuierlich neue Preise zu berechnen und auszustellen. Dies würde nicht nur Händler in der

---

[59] Vgl. Hanl und Michaelis (2017), S. 365f.; Fiedler, Gern und Stolzenburg (2018), S. 754 und Meiklejohn u.a. (2013), S. 134ff.
[60] Vgl. Glaser u.a. (2014), S. 2ff.; Schuh und Shy (2015), S. 12ff.; Baur, Hong und Lee (2017), S. 2ff.
[61] Vgl. Fiedler, Gern und Stolzenburg (2018), S. 752f.
[62] Vgl. Jo-Pesch (2017), S. 84.
[63] Vgl. Beck (2015), S. 585.

Praxis vor kostenintensive Probleme stellen, sondern ebenfalls Verwirrung bei Konsumenten stiften.[64]

Ein weiteres Argument gegen den Zuspruch der Recheneinheitsfunktion ist, dass verschiedene Handelsplattformen unterschiedliche Umrechnungs-Quoten für Bitcoins angegeben. Dies eröffnet Möglichkeiten zur Arbitrage. So zeigen Makarov und Schoar in ihrer Studie, dass in den Monaten November 2017 bis Februar 2018 Arbitragegewinne von über 747 Mio. USD möglich waren, die allein auf Regionsunterschiede zwischen den USA und Japan zurückzuführen sind.[65] Dies stellt eine Verletzung gegen das Gesetz der Unterschiedslosigkeit der Preise dar. So machen es unterschiedlich hohe Bitcoin-Kurse für Händler und Konsumenten schwer, eine verlässliche Bezugsgröße festzulegen, wenn als Referenzwert nur via Bitcoin ausgedrückte Preise zur Verfügung stehen.[66]

Hinderlich für die Etablierung des Bitcoins als Recheneinheit ist zudem, dass Waren und Dienstleistungen des Alltags mit mehreren Dezimalstellen angeführt werden müssten. Ein Gut mit einem Preis von einem Euro würde unter Rückgriff auf den durchschnittlichen Bitcoin-Kurs des Monats Januar 2019 in Höhe von 3.224,91 EUR umgerechnet 0,00031009 BTC kosten. Diese implizit angesprochenen Anwendungsprobleme können jedoch relativ einfach umgangen werden, indem das Bitcoin-Protokoll hin zu einer verbraucherfreundlicheren Skalierung geändert wird.[67]

Wenngleich unbestritten ist, dass die Geldeigenschaft der Teilbarkeit erfüllt ist, kann Bitcoins zum aktuellen Zeitpunkt die Recheneinheitsfunktion unter den oben angeführten Gesichtspunkten nicht zweifelsfrei zugesprochen werden. Neben der hohen Volatilität deutet auch die verbraucherunfreundliche Skalierung darauf hin, dass der Bitcoin aktuell nicht als Bezugsgröße oder Wertmaßstab in der Wirtschaft fungieren kann.

3.4.3 Wertaufbewahrungsfunktion

Der Bitcoin wird von den meisten Besitzern langfristig gehalten und nicht verausgabt. Dies darf jedoch nicht damit gleichgesetzt werden, dass der Bitcoin grundsätzlich zur Wertaufbewahrung verwendet wird oder dazu fähig ist. Vielmehr

---

[64] Vgl. Yermack (2013), S. 11; https://www.lieferando.de/kundenservice-konsument-betreff-bezahlen.
[65] Vgl. Makarov und Schoar (2018), S. 14f.
[66] Vgl. Yermack (2013), S. 12.
[67] Vgl. Hanl und Michaelis (2017), S. 365.

beruht das Verhalten der Nutzer auf das Ziel, eine Kapitalvermehrung durch Wertsteigerungen des Bitcoin hervorzurufen, als diesen in späteren Zeitpunkten als Tauschmittel einzusetzen (vgl. obige Ausführung). Die hohe Volatilität verhindert bisher, dass der Bitcoin die Wertaufbewahrungsfunktion erfüllt. Durch die extremen Schwankungen ist es nicht möglich, Kaufkraft durch Besitz von Bitcoins sicher in die Zukunft zu übertragen. Ein intertemporaler Vermögenstransfer selbst von heute auf morgen ist somit nicht wertstabil möglich. Die hohe Volatilität des Bitcoins ist dabei auf die zugrundeliegende Technologie zurückzuführen. Der starre Algorithmus des Bitcoin-Protokolls hat dabei die Bitcoin-Schöpfung vordefiniert und diese auf 21 Mio. Bitcoins beschränkt. Dabei kann der Algorithmus, anders als Zentralbanken, nicht elastisch auf Nachfrageschwankungen reagieren. Somit können bereits kleinere Ausschwankungen des Angebots oder Nachfrage zu substanziellen Schwankungen der Bitcoin-Preise führen.[68] So zeigen auch Feng, Wang und Zhang in ihrer Studie, dass Preismanipulationen innerhalb des Bitcoin-Marktes möglich sind, die durch Regulatoren auf traditionellen Finanzmärkten kontrolliert und verboten werden würden.[69]

Wenngleich der explizite Verzicht auf involvierte Regierungen oder Zentralbanken in Verbindung mit der starken Kursvolatilität steht, so führt dies auch dazu, dass im Bitcoin-Netzwerk kein Anreiz zur Inflationierung geboten wird, da das Angebot und die Schöpfung von neuen Bitcoins nach transparenten, durch das Bitcoin-Protokoll vordefinierten Regeln abläuft.[70] So wird dem Bitcoin nach dem Bitcoin-Market-Potential-Index insbesondere in Entwicklungsländern großes Marktpotenzial zugeschrieben.[71] In Krisenländern bietet der Bitcoin Schutz vor Regierungswillkür und Inflation. Ein aktuelles Beispiel bildet hier Venezuela. Hier durchläuft die Landeswährung Bolívar aktuell eine hyperinflationäre Entwicklung. Der Bitcoin ist zu einer Parallelwährung aufgestiegen, mit derer sich Venezolaner, trotz der starken kurzfristigen Volatilität des Bitcoins, vor der Entwertung des Bolívar schützen.[72] Im Vergleich zu traditionellen Währungen ist die Kursvolatilität des Bitcoins jedoch signifikant. Selbst in Relation zu traditionellen Anlagemöglichkeiten wie Gold oder

---

[68] Vgl. Fiedler, Gern und Stolzenburg (2018), S. 753; Hanl und Michaelis (2017), S. 365.
[69] Vgl. Feng, Wang und Zhang (2018), S. 63ff.
[70] Vgl. Hanl und Michealis (2017), S.365f.
[71] Vgl. Hileman (2014), S 1ff. Der Bitcoin-Market-Potential-Index beinhaltet Faktoren wie u.a. Inflation, Repression, Finanzkrisen oder technologische Entwicklung.
[72] Vgl. Fuster (2017).

Aktien des S&P 500-Index unterläuft der Bitcoin deutlich stärkere Kursschwankungen.[73] Aus diesen Gründen erfüllt der Bitcoin aktuell nicht die Wertaufbewahrungsmittelfunktion.

3.5 Ergebnis und Ausblick

Aufgrund der aktuell mangelnden Geldfunktionalität kann bei Bitcoins nicht von Geld gesprochen werden. Wenngleich die Funktionen als Tauschmittel, Recheneinheit und Wertaufbewahrungsmittel prinzipiell erfüllt werden könnten (siehe Geldeigenschaften), so stehen dem Bitcoin zum aktuellen Zeitpunkt noch Hindernisse entgegen, die eine Klassifizierung als Geldform ausschließen. Nach obiger Analyse ist insb. die hohe Volatilität als Ursache zu betonen, die auch in Teilen die geringe Akzeptanz im Wirtschaftskreislauf hervorruft. Autoren, die bezweifeln, dass Bitcoins zukünftig eine Rolle als Geldform spielen, führen ebenfalls Effizienzprobleme in Form verzögerter Transaktionsbestätigungen und steigender Transaktionsgebühren an.[74] Während für Effizienzprobleme bereits Lösungsvorschläge existieren, herrscht bezüglich einer stabilen Kursentwicklung Uneinigkeit. So argumentieren u.a. Hanl und Michaelis, dass der in der Geldschöpfung begrenzte Bitcoin stets einem illiquiden Markt unterliegen wird und kleinere Änderungen des Angebots oder der Nachfrage fortführend starke Kursschwankungen hervorrufen.[75] Konträre Meinungen führen jedoch an, dass ein wachsendes Bitcoin-Netzwerk mit steigender Liquidität zu mehr Stabilität führt, da eine negative Korrelation zwischen der Volatilität und Liquidität des Bitcoin-Markts nachgewiesen werden konnte.[76] Eine verlässliche Prognose zur zukünftigen Entwicklung der Volatilität kann aktuell nicht seriös getroffen werden.

Festzustellen bleibt, dass zum jetzigen Zeitpunkt eine Bewältigung des Alltags mit ausschließlichem Einsatz von Bitcoins als Zahlungsmittel nicht ohne erhebliche Hindernisse möglich ist, sodass Bitcoins gegenwärtig hauptsächlich ein Netzwerk-Gut oder Spekulationsobjekt darstellen. Dies kann sich jedoch zukünftig ändern, da prinzipiell die Voraussetzungen zur Erfüllung der Geldfunktionalität durch Bitcoins gegeben sind.

---

[73] Vgl. Procházka (2018), S. 179; Yermack (2013), S. 14f.
[74] Z.B. Jo Pesch (2017), S. 93.
[75] Vgl. Hanl und Michealis (2017), S. 365; Auch Jo-Pesch (2017), S. 93 oder Beck (2015), S. 583f.
[76] Vgl. Stroukal (2018), S. 46f.; Šurda (2012), S. 69.

4 Bilanzierung von Bitcoins nach HGB

4.1 Allgemeine Bilanzierungsfähigkeit

Gemäß dem Prinzip der Vollständigkeit (§ 246 Abs. 1 HGB) hat der Jahresabschluss sämtliche Vermögensgegenstände auszuweisen. Nach statisch geprägter Aktivierungskonzeption liegt ein Vermögensgegenstand vor, wenn dieser zur Deckung der Schulden des Unternehmens beitragen kann. Dies ist der Fall, wenn der potentielle Vermögenswert selbstständig gegenüber Dritten verwertbar ist. Die selbstständige Verwertbarkeit wird als erfüllt angesehen, wenn ein Gut, bspw. durch Veräußerung, Einräumung eines Nutzungsrechts oder bedingten Verzicht, in Geld umgewandelt werden kann.[77]

Bitcoins werden auf öffentlichen Plattformen gehandelt. Die durch Zusammenspiel von Angebot und Nachfrage gebildeten Preise werden in verschiedenen Quotierungen angegeben und sind beinahe kontinuierlich beobachtbar. Ein Marktzugang und folglich die Möglichkeit, Bitcoins zu veräußern und in Geld umzuwandeln, ist somit prinzipiell gegeben. Demnach liegen eine selbstständige Verwertbarkeit und eine abstrakte Bilanzierungsfähigkeit von Bitcoins vor. Demgegenüber bestehen keine konkreten Bilanzierungsverbote oder Aktivierungswahlrechte. Somit sind Bitcoins auch konkret bilanzierungsfähig, sodass die Pflicht besteht, diese in der Bilanz anzusetzen.[78]

4.2 Ausweis

4.2.1 Ausweis im Umlaufvermögen

Die Diskussion des konkreten Ausweises findet anhand des im Handelsrecht vorgegebenen Gliederungsschemas der Bilanz statt (§ 266 Abs. 2 HGB). Das Umlaufvermögen umfasst kurzfristige, im Besitz des Unternehmens stehende Vermögensgegenstände, die nicht dauernd dem Geschäftsbetrieb dienen.[79] Intuitiv erscheint ein Ausweis der virtuellen Währung Bitcoin im Umlaufvermögen sachgerecht, da er als Zahlungsmittel oder Spekulationsobjekt eingesetzt wird (siehe Kapitel 3). Als

---

[77] Vgl. Baetge, Kirsch und Thiele (2017), S. 159-163.
[78] Vgl. Kirsch und von Wieding (2017), S. 2733f.; Gerlach und Oser (2018), S. 1542.
[79] Vgl. Baetge, Kirsch und Thiele (2017), S. 17.

mögliche Ausweispositionen im Umlaufvermögen kommen Vorräte, Wertpapiere, Forderungen und sonstige Vermögensgegenstände und flüssige Mittel in Betracht.

4.2.2 Flüssige Mittel (§ 266 Abs. 2 B. IV. HGB)

In Kapitel 3 wurde festgestellt, dass es sich bei Bitcoins aktuell nicht um Geld handelt. Dennoch besitzt der Bitcoin geldähnliche Eigenschaften und ist bereits heute zahlungsmittelähnlich und liquide. Ein Ausweis unter den flüssigen Mitteln erscheint somit zunächst sachgerecht. Gemäß § 266 Abs. 2 B. Nr. IV HGB werden die flüssigen Mittel als „Kassenbestand, Bundesbankguthaben, Guthaben bei Kreditinstituten und Schecks" ausgewiesen. Unter Kassenbestand wird physisches Bargeld verstanden, also gesetzliche Zahlungsmittel des In- oder Auslands. Bei Bitcoins handelt es sich weder um ein gesetzliches Zahlungsmittel (siehe Kapitel 3), noch haben sie eine physische Form. Ein Ausweis als Kassenbestand scheidet somit aus.[80] Ein Ausweis als Bundesbankguthaben oder Guthaben bei Kreditinstituten ist ebenfalls fraglich. Klassische Kreditinstitute und Zentralbanken bieten i.d.R. keine Dienstleistungen zur Wallet-Bereitstellung an. Dies könnte sich zukünftig jedoch ändern. Das Berliner Start-up *Bitwala*[81] bietet seit Dezember 2018 sog. „Blockchain-Banking" an und verbindet das traditionelle Bankkonto mit Wallet-Services. Bei Erfolg könnten traditionelle Banken und Sparkassen durchaus nachziehen. Dennoch scheitert ein Ausweis an dieser Stelle an der Konzeption der Bitcoin-Wallet: Wenngleich die Wallet vorherig mit einem Konto verglichen wurde, so handelt es sich bei ihr nicht um ein Konto im klassischen Sinne. Die Wallet enthält und erzeugt nur das Schlüsselpaar, welches zum signieren der Transaktionen benötigt wird. Die Bitcoins an sich liegen nicht in der Wallet, sondern werden als verkettete Signaturen in der Blockchain gespeichert.[82] Bei Schecks werden Kreditinstitute mit der Zahlung eines Betrags an den Scheckempfänger beauftragt. Somit scheidet ein Ausweis des Bitcoins unter den Schecks aus, da diese ein Kreditinstitut mit einbeziehen.[83] Bitcoin-Transaktionen verzichten jedoch explizit auf einen Finanzintermediär.

---

[80] Vgl. Schubert und Waubke (2016), Kommentierung § 266 Rn. 151; Kirsch und von Wieding (2017), S. 2733.
[81] Vgl. https://www.bitwala.com/de/ (abgerufen am 15.03.2019) für Details zum Angebot von Bitwala.
[82] Vgl. Kirsch und von Wieding (2017), S. 2733; Kannenberg (2018).
[83] Vgl. Kirsch und von Wieding (2017), S. 2733.

Ein Ausweis des Bitcoins unter den flüssigen Mitteln kann (aktuell) nicht stattfinden, da Bitcoins kein gesetzliches Zahlungsmittel darstellen und eine Einordnung in keine der von § 266 Abs. 2 B. Nr. IV HGB vorgegeben Positionen gelingt.

4.2.3 Vorräte (§ 266 Abs. 2 B. I. HGB)

Unter dem Posten Vorräte werden in der Bilanz diejenigen Vermögensgegenstände ausgewiesen, die im betrieblichen Leistungserstellungsprozess erworben, be- oder verarbeitet und veräußert werden und in vier Unterposten unterteilt: Roh-, Hilfs- und Betriebsstoffe (RHB-Stoffe), unfertige Erzeugnisse bzw. Leistungen, fertige Erzeugnisse und Waren und geleistete Anzahlungen.[84] Auf den ersten Blick erscheint ein Ausweis von erworbenen oder als Zahlungsmittel akzeptierten Bitcoins unter den Vorräten nicht sachgerecht, da diese nicht im betrieblichen Leistungserstellungsprozess hergestellt, be- oder verarbeitet werden und aufgrund fehlender physischer Form weder RHB-Stoffe oder fertige/unfertige Erzeugnisse und Leistungen darstellen. Bitcoins können aufgrund mangelnder Einordnung als gesetzliches Zahlungsmittel auch keine Anzahlungen auf Vorratsvermögen darstellen. Bei Waren handelt es sich jedoch um Gegenstände, die im Rahmen der planmäßigen Handelstätigkeit vom Unternehmen angeschafft werden, um diese ohne (bzw. mit nur geringfügiger) Be- oder Verarbeitung weiterzuverkaufen.[85] Stellt ein Unternehmen eine Plattform dar, die im gewöhnlichen Geschäftsgang mit Bitcoins handelt, um mittels An- und Verkauf der im Kurs schwankenden Bitcoins einen Gewinn zu erzielen, so ist ein Ausweis von Bitcoins unter Vorräten durchaus sachgerecht.[86] Dabei handelt es sich jedoch nicht um den Regelfall. Für Unternehmen die nicht planmäßig mit Bitcoins handeln, ist ein Ausweis unter den Vorräten unzulässig.

4.2.4 Wertpapiere (§ 266 Abs. 2 B. III. HGB)

Bei Wertpapieren des Umlaufvermögens handelt es sich um kurzfristig, zur Veräußerung gehaltene Anteile an verbundenen Unternehmen und sonstige Wertpapiere, die nicht dauernd dem Geschäftsbetrieb dienen.[87] Wertpapiere im Sinne des §2 Abs.1 WpHG sind Aktien, andere mit Aktien vergleichbare Anteile, Hinter-

---

[84] Vgl. Baetge, Kirsch und Thiele (2017), S. 355.
[85] Vgl. Schubert und Waubke (2016), Kommentierung zu § 266 HGB, Rn.106.
[86] Vgl. Ummenhofer und Zeitler (2018), S. 444.
[87] Vgl. Schubert und Waubke (2016), Kommentierung zu § 266, Rn.135, 142 und § 247 HGB, Rn. 356.

legungsscheine und Schuldtitel. Eine Einordnung des Bitcoins in diese Aufzählung gelingt nicht. Auch wenn der Bitcoin, ähnlich den Wertpapieren, liquide und körperloser Natur ist, stellt er keine Überlassung von Kapital an Dritte dar, sodass Bitcoins handelsrechtlich nicht unter den Wertpapieren ausgewiesen werden können.[88]

4.2.5 Forderungen und sonstige Vermögensgegenstände (§ 266 Abs. 2 B. II. HGB)

Forderungen werden in §266 Abs.2 B. II. HGB unterteilt in Forderungen aus Lieferungen und Leistungen, gegen verbundene Unternehmen oder gegen Unternehmen mit denen ein Beteiligungsverhältnis besteht. Sie beinhalten den Anspruch auf eine noch ausstehende Zahlung durch den/die Empfänger von Waren oder Dienstleistungen. Im Aktivierungszeitpunkt befinden sich die Bitcoins hingegen bereits im Besitz des Unternehmens. Ein Anspruch auf eine ausstehende Zahlung gegenüber dem Netzwerk besteht nicht.[89] Eher eröffnen Bitcoins die Möglichkeit, Transaktionen im Netzwerk zu tätigen oder Bitcoins gegen Waren, Dienstleistungen oder Geld bei akzeptierenden Stellen einzutauschen. Eine Bilanzierung des Bitcoins unter den Forderungen ist daher unzulässig.

Der in § 266 Abs. 2 B. II. Nr. 4 HGB genannte Unterposten „sonstige Vermögensgegenstände" ist ein Sammelposten indem hauptsächlich Forderungen unterschiedlichster Art ausgewiesen werden, die sich nicht in die oben aufgeführten Klassen des § 266 Abs.2 B. II. Nr. 1-3 HGB einteilen lassen.[90] Unter diesem Posten können aber auch Vermögensgegenstände ohne Forderungscharakter, wie alternative Zahlungsmittel, die kein gesetzliches Zahlungsmittel sind (z.B. Goldmünzen), ausgewiesen werden. Ein Ausweis der Bitcoins unter den sonstigen Vermögensgegenständen erscheint insbesondere hinsichtlich der gegenwärtigen ökonomischen Einstufung (Kap. 3) angemessen.[91]

---

[88] Vgl. Kirsch und von Wieding (2017), S.2734; Gerlach und Oser (2018), S. 1542; Richter und Augel (2017), S. 941.
[89] Vgl. Kirsch und von Wieding (2017), S. 2734.
[90] Vgl. Schubert und Waubke (2016), Kommentierung zu § 266 HGB Rn. 128.
[91] Kirsch und von Wieding (2017), S. 2734.

4.2.6 Ausweis im Anlagevermögen

Vermögensgegenstände, die dazu bestimmt sind, dauernd dem Geschäftsbetrieb zu dienen, werden im Anlagevermögen ausgewiesen. Bei Betrachtung des Bitcoins kommt das Anlagevermögen in Betracht, wenn diese als Investitionsobjekt oder zur Strategieausrichtung langfristig im Unternehmen gehalten werden. Als potenzielle Ausweisposten kommen Immaterielle Vermögensgegenstände und Finanzanlagen in Betracht, während ein Ausweis unter dem ausschließlich materiellem Sachanlagevermögen bereits an der digitalen Natur des Bitcoins scheitert: Ein Bitcoin kann im Bitcoin-Netzwerk transferiert werden, ist aber körperlos und daher weder beweglich noch unbeweglich und nicht dem Sachanlagevermögen zuzuordnen.[92]

4.2.7 Finanzanlagen (§ 266 Abs. 2 A. III. HGB)

Insbesondere aufgrund der Einstufung der BaFin, die Bitcoins den Finanzinstrumenten zuordnen, kommt ein Ausweis unter den Finanzanlagen in Betracht. Unter Finanzanlagen des Anlagevermögens versteht man Dritten überlassenes Kapital oder Finanzmittel. Diese manifestiert sich in die durch § 266 Abs. 2 A. II. Nr.1-5 angesprochenen Unterposten.[93] Aufgezählt werden Anteile bzw. Ausleihungen an verbundenen Unternehmen, Beteiligungen, Ausleihungen an Unternehmen mit denen ein Beteiligungsverhältnis besteht, Wertpapiere sowie andere Ausleihungen. Bereits ein Ausweis des Bitcoins unter den Wertpapieren des Umlaufvermögens wurde abgelehnt. Im Anlagevermögen gestaltet sich der Fall ähnlich: Bitcoins erfüllen weder die Definition eines Wertpapiers, noch stellen sie eine Mittelüberlassung an Dritte in Form von Anteilen oder Beteiligungen dar. Weiterhin sind Bitcoins keine Ausleihungen an verbundenen oder beteiligten Unternehmen. Während Bitcoins im Umlaufvermögen noch durch den Posten der sonstigen Vermögensgegenstände aufgefangen und als finanzieller Vermögensgegenstand ausgewiesen werden konnten, so gelingt dies im Anlagevermögen nicht, da kein entsprechender Sammelposten existiert. Ein Ausweis von Bitcoins unter den Finanzanlagen ist daher bilanzrechtlich nicht zulässig.[94]

---

[92] Vgl. Ummenhofer und Zeitler (2018), S. 446; Kirsch und von Wieding (2017), S. 446.
[93] Vgl. Ummenhofer und Zeitler (2018), S. 445f.
[94] Vgl. Kirsch und von Wieding (2017), S.2734; Ummenhofer und Zeitler (2018), S. 446.

4.2.8 Immaterielle Vermögensgegenstände (§ 266 Abs. 2 A. I. HGB)

Als Ausweismöglichkeit im Anlagevermögen kommt somit lediglich der Posten der immateriellen Vermögensgegenstände in Frage. Im Gegensatz zum Sachanlagevermögen gelten Vermögensgegenstände als immateriell, wenn sie körperlich nicht fassbar sind.[95] Dies trifft auf Bitcoins zu, die keine körperliche Form besitzen, sondern ausschließlich digital existieren. Offen bleibt jedoch, um welche Art eines immateriellen Vermögensgegenstands es sich bei Bitcoins handelt. Das Gliederungsschema des § 266 Abs. 2 A. I. Nr. 1-4 HGB gibt vier Arten vor: selbst geschaffene oder entgeltlich erworbene immaterielle Vermögenswerte, den Geschäfts- oder Firmenwert und geleistete Anzahlungen. Selbst geschaffene immaterielle Vermögenswerte kommen lediglich im Rahmen von Mining-Aktivitäten in Betracht, jedoch nicht für an einer Börse erworbene oder als Zahlungsmittel akzeptierte Bitcoin-Bestände.[96] Ein Geschäfts- oder Firmenwert entsteht durch Erwerb von Unternehmen bzw. Unternehmensanteilen und wird grundsätzlich als Unterschiedsbetrag aus Kaufpreis und Zeitwert der Vermögensgegenstände, abzüglich der Zeitwerte der Schulden, bestimmt.[97] Bitcoins genügen dieser Definition nicht. Weiterhin stellen Bitcoins aufgrund fehlender bilanzrechtlicher Einordnung als Zahlungsmittel auch keine geleisteten Anzahlungen für immaterielle Vermögensgegenstände dar. Ein Ausweis kann demnach nur unter den entgeltlich erworbenen Immaterialgütern stattfinden. Dieser Posten ist bilanzrechtlich breit gefasst. Er beinhaltet neben rechtlich abgesicherten Positionen (z.B. Konzessionen) auch faktische Positionen von wirtschaftlichem Wert (z.B. Knowhow).[98] Bitcoins stellen durchaus eine Position von wirtschaftlichem Wert dar (im Januar 2019 war ein Bitcoin im Schnitt 3.224,91 € wert) und gelangen i.d.R. durch entgeltlichen Erwerb in Form des Kaufs an einer Börse in den Besitz des Unternehmens.[99] Nach aktueller bilanzrechtlicher Lage ist ein Ausweis von Bitcoins, die langfristig dem Geschäftsbetrieb dienen, unter den entgeltlich erworbenen immateriellen Vermögensgegenständen als zulässig einzustufen.

---

[95] Vgl. Baetge, Kirsch und Thiele (2017), S. 243.
[96] Vgl. Kirsch und von Wieding (2017), S. 2734; Kapitel 4.5.
[97] Vgl. Baetge, Kirsch und Thiele (2017), S. 255.
[98] Vgl. Schubert und Waubke (2016), Kommentierungen zu § 266 HGB, Rn. 60.
[99] Vgl. Ummenhofer und Zeitler (2018), S. 446; Baetge, Kirsch und Thiele (2017), S. 255.

4.3 Bewertung

4.3.1 Erstbewertung

Unabhängig einer Zuordnung zum Anlage- oder Umlaufvermögen, ist das Anschaffungskostenprinzip des § 253 Abs. 1 HGB einschlägig. Demnach sind Vermögensgegenstände höchstens mit ihren Anschaffungs- oder Herstellungskosten in der Bilanz anzusetzen. Anschaffungskosten sind diejenigen Aufwendungen, die geleistet wurden, um den Vermögensgegenstand zu erwerben und in einen betriebsbereiten Zustand zu versetzen, sowie Anschaffungsnebenkosten und nachträgliche Anschaffungskosten, soweit sie dem Vermögensgegenstand einzeln zugeordnet werden können. Ausgangspunkt für die Ermittlung der Anschaffungskosten ist der an der Börse gezahlte Preis. Als Nebenkosten kommen die im Beschaffungsvorgang anfallenden Transaktionskosten in Betracht. Zu diesen zählen zum einen Transaktionsgebühren, falls diese vom Käufer übernommen werden und zum anderen Nutzungsgebühren der Handelsplattformen, die sich i.d.R. am Transaktionsvolumen oder der Zahlungsmethode orientieren. In diesen Fällen ist eine Einzelzuordnung möglich. Aufwendungen für die Nutzung der Wallet sind hingegen nicht einem einzelnen Anschaffungsvorgang zuzuordnen, sodass eine Aktivierung dieser Gebühren ausscheidet. Die Erstbewertung erworbener Bitcoins führt somit lediglich zu einer erfolgsneutralen Vermögensumschichtung.[100]

4.3.2 Folgebewertung

Die Folgebewertung von Bitcoins bestimmt sich entsprechend § 253 Abs. 3-5 HGB anhand des Ausweises im Anlage- oder Umlaufvermögen. Da Bitcoins weder einer wirtschaftlichen oder rechtlichen Abnutzung unterliegen sind sie prinzipiell unbegrenzt nutzbar. Planmäßige Abschreibungen sind daher weder bei einem Ausweis im Anlage-, noch im Umlaufvermögen vorzunehmen.[101]

Werden Bitcoins als entgeltlich erworbene immaterielle Vermögensgegenstände des Anlagevermögens bilanziert, richtet sich die Folgebewertung anhand des milden Niederstwertprinzips. Auch wenn planmäßige Abschreibungen nicht zulässig sind, besteht bei voraussichtlich dauernder Wertminderung die Pflicht zur außerplanmäßigen Abschreibung (§ 253 Abs. 3 S. 5 HGB). Die Bestimmung des

---

[100] Vgl. Richter und Augel (2017), S. 941; Ummenhofer und Zeitler (2018), S. 446.
[101] Vgl. Ummenhofer und Zeitler (2018), S. 446; Richter und Augel (2017), S. 942 u.a.

niedrigeren Wertes richtet sich im Anlagevermögen nach dem Wiederbeschaffungswert. Dieser zielt auf einen Börsen- bzw. Marktpreis ab und enthält ebenfalls Nebenkosten, die für die Herstellung der Betriebsbereitschaft notwendig sind (Transaktionskosten, siehe 4.3.1).[102] Liegt der Umstand der Wertminderung nicht mehr vor, ist die außerplanmäßige Abschreibung rückgängig zu machen. Anders als bei Vermögensgegenständen des Finanzanlagevermögens besteht bei einem Ausweis als erworbener immaterieller Vermögensgegenstand kein Wahlrecht zur außerplanmäßigen Abschreibung. Bei vorrausichtlich nicht dauerhafter Wertminderung ist eine außerplanmäßige Abschreibung nicht gestattet.[103]

Ein Ausweis der Bitcoins im Umlaufvermögen führt zur Anwendung des strengen Niederstwertprinzips: Falls am Abschlussstichtag der Buchwert der aktivierten Bitcoins unterhalb des Börsen bzw. Marktpreises liegt, ist der Bitcoin-Bestand gemäß § 253 Abs. 4 HGB bei sowohl dauerhafter als auch vorübergehender Wertminderung auf den niedrigeren Wert abzuschreiben. Auch nach dem strengen Niederstwertprinzip ist die Wertminderung bei Wegfall des Grundes rückgängig zu machen.[104]

Insbesondere im Falle des Ausweises als Vorratsvermögen bei einer Händlertätigkeit ist zu erwarten, dass unterjährig mehrmals Bitcoins angekauft und verkauft werden. Aufgrund von Kurschwankungen können die Anschaffungskosten der zu verschiedenen Zeitpunkten angeschafften Bitcoins über oder unter dem aktuellen Marktpreis liegen. Obwohl grundsätzlich das Einzelbewertungsgebot des § 252 Abs. 1 Nr. 3 HGB gilt, gestattet der Gesetzgeber unter bestimmten Voraussetzungen die Anwendung von Bewertungsvereinfachungsverfahren. Gemäß § 240 Abs. 4 HGB dürfen gleichartige, bewegliche Vermögensgegenstände zu Gruppen zusammengefasst und mittels des gewogenen Durchschnittswert bewertet werden. Weiterhin darf nach § 240 Abs. 4 HGB i.V.m. § 256 HGB für gleichartige Vermögensgegenstände des Vorratsvermögens unterstellt werden, dass die zuerst oder zuletzt angeschafften Bestände zuerst verbraucht oder veräußert werden (LIFO, FIFO). Fraglich ist, ob genannte Bewertungsvereinfachungsverfahren auch für Bitcoins in Betracht kommen. Im Wortlaut des § 240 Abs. 4 HGB werden explizit bewegliche Vermögensgegenstände angesprochen. Wenngleich Bitcoins durchaus als gleichartig einzustufen sind (Kap. 3.2), so erscheint eine Bewertungsvereinfachung bei

---

[102] Vgl. Schubert, Andrejewski und Roscher (2016), Kommentierung zu § 253 HGB, Rn. 306-310.
[103] Vgl. Ummenhofer und Zeitler (2018), S. 449.
[104] Vgl. Ummenhofer und Zeitler (2018), S. 444.

strenger Auslegung des Gesetzes für Bitcoins aufgrund ihrer körperlosen Natur (weder beweglich noch unbeweglich) unzulässig. Gerlach und Oser (2018) argumentieren jedoch, dass nach heutiger Meinung die Durchschnittsmethode für Wertpapiere oder flüssige Mittel in fremder Währung zulässig ist. Sie eröffnen die Frage, ob Wertpapiere oder Devisen das Kriterium der Beweglichkeit hinreichender erfüllen als Bitcoins. Nach ihrer Meinung sind Bewertungsvereinfachungsverfahren auch für Bitcoins zulässig.[105] Vor dem Hintergrund, dass das Gros der heutigen Geldmenge via Buchgeld nur elektronisch existiert und einhergehend nur selten Bardevisen in Kassen der Unternehmen liegen sowie Aktien i.d.R. nicht mehr in gedruckter Form ausgeben werden, ist dieser Argumentation zuzustimmen. Die Anwendung des gewogenen Durchschnitts für Bitcoin-Guthaben, sowie im Falle des Ausweises unter dem Vorratsvermögen die FIFO- oder LIFO-Methode, erscheinen für Bitcoins zulässig.[106]

4.3.3 Bewertung bei Zahlungsmittelakzeptanz

Akzeptiert ein Unternehmen Bitcoins als Gegenleistung für die Lieferung bzw. Leistung von Waren und Dienstleistungen ist zwischen dem Ausgleich einer ursprünglich in Euro dotierten Forderung durch Hingabe von Bitcoins und einer vorherig vereinbarten Bezahlung durch Bitcoins zu unterscheiden. Wird eine ursprünglich in Euro dotierte Forderung durch einen der Höhe der Forderung entsprechenden Bitcoin-Betrag ausgeglichen, so erlischt die Forderung gemäß § 364 Abs. 1 BGB und wird ausgebucht. Die erhaltenen Bitcoins werden zum Zeitwert je nach Halteabsicht entweder im Anlage- oder Umlaufvermögen aktiviert. Gemäß § 277 Abs. 1 HGB liegen im Zeitpunkt der Formulierung der Forderung die Vorraussetzungen zur Realisierung von Umsatzerlösen vor.[107] Eine Bewertung der Bitcoins gestaltet sich jedoch anders, wenn bereits ursprünglich vereinbart wurde, dass Waren oder Dienstleistungen mittels Bitcoins bezahlt werden. Durch die fehlende (gesetzliche) Einstufung als Zahlungsmittel besteht die Gegenleistung somit nicht aus einer Geldzahlung sondern in der Hingabe eines Vermögensgegenstandes. Hier findet somit ein Tausch statt.[108] Die Bewertung der Bitcoins richtet sich nach herrschender Meinung nach dem Zeitwert der hingegebenen Leistung. Die erhaltenen Bitcoins

---

[105] Vgl. Gerlach und Oser (2018), S. 1542f.
[106] Im gleichen Ergebnis auch Ummenhofer und Zeitler (2018), S. 449.
[107] Vgl. Gerlach und Oser (2018), S. 1543.
[108] Vgl. Gerlach und Oser (2018), S. 1543f.

werden wie obig geschildert ausgewiesen. Zukünftige generierte stille Reserven führen erst bei Verwendung der ertauschten Bitcoins zu sonstigen Erträgen.[109]

4.4 Mining

Der Begriff „Mining" (z. Dt. schürfen) impliziert, dass durch Mining-Aktivitäten erlangte Bitcoins selbst erstellt werden. Bilanzrechtlich wird damit die Erstellung selbst geschaffener Vermögensgegenstände angesprochen. Sollen diese selbst generierten Bitcoins im Anlagevermögen (langfristige Haltedauer) aktiviert werden, kommt ein Ausweis unter den selbst erstellten immateriellen Vermögensgegenständen in Frage. Für diesen Posten besteht gemäß § 248 Abs. 2a HGB ein Aktivierungswahlrecht. Eine Aktivierung im Umlaufvermögen hingegen ist verpflichtend. Dann liegt ein Ausweis als Vorratsvermögen nahe. Der Ansatz der Höhe nach orientiert sich an den Bilanzierungsregeln der Aktivierung von Herstellungskosten des § 255 Abs. 2 HGB.[110]

Fraglich ist allerdings, ob Mining-Aktivitäten als Herstellungsprozess klassifiziert werden können. Das Anketten des nächsten Blocks ist ein zufallsabhängiger Prozess, womit ein Erhalt konkreter Bitcoins zum Abschlussstichtag nicht sicher vorhergesagt werden kann. Die Produktivität eines Miners hängt weiterhin auch von der Rechenleistung des Miners im Vergleich zur Rechenleistung der Mining-Community ab.[111] Große Mining-Pools wie BTC.com oder AntPool zeigen sich dennoch regelmäßig für das Anketten des nächsten Blocks verantwortlich. Im Zeitraum vom 15.02.2019 - 19.02.2019 wurden im Schnitt 80% aller Blöcke durch bekannte Mining-Pools weitergleitet (siehe Anhang). Eine Korrelation zwischen der Ansammlung von Rechenleistung, leistungsfähiger Infrastrukturen, fachlicher Expertise und der Erfolgswahrscheinlichkeit des Mining-Prozesses kann somit angenommen werden. Wenngleich es zwar wahrscheinlich ist, dass die Anstrengungen größerer gewerblicher Miner (zwangsläufig) zu Erfolg führt, bleibt der Erhalt von Block-Rewards dennoch unsicher. Die mit dem Mining-Prozess verbundenen Aufwendungen fallen hingegen sicher an.[112]

---

[109] Vgl. BFH vom 14.12.1982 und Ummenhofer und Zeitler (2018), S. 449.
[110] Vgl. Gerlach und Oser (2018), S. 1545 und Ummenhofer und Zeitler (2018), S. 446.
[111] Vgl. Procházka (2018), S. 171.
[112] Vgl. Ummenhofer und Zeitler (2018), S. 447; Gerlach und Oser (2018), S. 1545.

Weiterhin entspricht der Mining-Prozess nicht dem Wesen und Inhalt der Herstellung, der einen innerbetrieblichen Wertumschichtungsprozess verinnerlicht.[113] Bitcoins, die als Belohnung für das Anketten des nächsten Blockes ausgesetzt werden, werden bei Erfolg jedoch *extern*, durch das Bitcoin-Protokoll, geschaffen. Die Unsicherheit des Erfolgs führt außerdem dazu, dass die Zeitabstände, in denen ein Block erstellt wird, schwanken. Wird längere Zeit die Zufallszahl zur Erstellung des nächsten Blocks nicht gefunden, führt dies zu höheren zugeteilten Gemeinkosten (hauptsächlich Energie- und Instandhaltungskosten der Hardware oder Kühlanlagen) des nächsten gefundenen Blocks und damit zu in der Höhe unterschiedlichen Herstellungskosten der eigentlich homogenen und am Zeitwert gemessen gleichwertigen Bitcoins. Eine Vergleichbarkeit der Herstellungsprozesse ist somit beeinträchtigt.

Mining-Kosten können nur schwer dem Herstellungsprozess eines einzelnen Vermögenswertes zugeordnet werden. Somit ist nicht angemessen nachweisbar, dass ein Vermögensgegenstand entsteht. Eine Anwendung der Herstellungskosten zur Bilanzierung „selbsterstellter" Bitcoins scheitert folglich an der Konkretisierung eines Vermögensgegenstandes zum Bilanzstichtag.[114] Umso deutlicher wird dies bei Betrachtung der Ausweismöglichkeit von Bitcoins unter den immateriellen Vermögensgegenständen des Anlagevermögens. Hier gelten gemäß § 255 Abs. 2 HGB gesonderte Aktivierungsgrundsätze. Der Herstellungsprozess ist dabei in eine Forschungs- und Entwicklungsphase zu unterteilen. Gemäß § 255 Abs. 2a S.3 HGB ist Forschung „ [...] *die eigenständige und planmäßige Suche nach neuen wissenschaftlichen oder technischen Erkenntnissen oder Erfahrungen allgemeiner Art, über deren technische Verwertbarkeit und wirtschaftliche Erfolgsaussichten grundsätzlich keine Aussagen gemacht werden können*". Für Forschungsaufwendungen gilt dabei ein Aktivierungsverbot, d.h. sie sind aufwandwirksam zu erfassen. Wenngleich Mining nur schwer mit einer Forschung vergleichbar ist, so ähnelt der Sachverhalt doch dem Aktivierungsverbot von Forschungsaufwendungen unterliegendem Prinzip, dass Kosten für die Erstellung eines Vermögensgegenstandes nicht aktiviert werden dürfen, wenn nicht sicher vorhergesagt werden kann, ob überhaupt ein Vermögensgegenstand von wirtschaftlichem Nutzen entsteht.

---

[113] Vgl. Schubert und Pastor (2016), Kommentierung zu § 255 HGB, Rn. 332-334.
[114] Vgl. Gerlach und Oser (2018), S. 1545.

Es bleibt daher die anfallenden Mining-Aufwendungen im Ergebnis in der Periode ihres Anfalls zu erfassen und aufwandswirksam zu verbuchen. Die bilanzielle Erfassung der geschürften Bitcoins findet dann im Zeitpunkt der Gutschrift statt.[115] Diese werden je nach Halteabsicht im Anlage- oder Umlaufvermögen (s.o.) ausgewiesen.

Für die Bewertung der Block-Rewards ergeben sich dann zwei Optionen. Zunächst könnten die Bitcoins im Zeitpunkt der Gutschrift mit Null bewertet werden. Eine Ertragsrealisierung in voller Höhe des Zeitwerts der Bitcoins findet dann erst bei Weiterverkauf oder Verwendung als Zahlungsmittel statt. Die zweite Möglichkeit ist die geschürften Bitcoins im Zeitpunkt der Gutschrift zum Zeitwert zu aktivieren und Erlöse in gleicher Höhe zu realisieren.[116] Gegen diese Alternative spricht, dass eine Erstbewertung zum Zeitwert das Realisationsprinzip verletzten könnte. Dieses erlaubt einen Gewinnausweis erst, wenn das Unternehmen die zugrundeliegende Leistungsverpflichtung erfüllt hat. Da kein konkreter Vertragsabschluss vorliegt sowie das Erbringen der Leistung und die Vereinnahmung der Erlöse unsicher sind, kann eine Leistungsverpflichtung nicht identifiziert werden. Ein Ertragsausweis im Zeitpunkt der Bitcoin-Gutschrift wird dann unter Umständen den Anforderungen an einen Gewinnausweis nicht gerecht. Nach dieser Sichtweise stellt das Mining lediglich Vorleistungen für einen späteren Umsatzakt dar.[117] Eine Bewertung zu Null hätte jedoch zur Folge, dass ein Gewinnausweis nicht direkt vollzogen wird. Die mit Null bewerteten Bitcoins würden dann stille Reserven in Gänze ihres Zeitwertes bilden. Hält ein Unternehmen „lediglich" 100 Bitcoins, so würden sich zum durchschnittlichen Kurs des Monat Januars (siehe Anhang) stille Reserven von über 320.000 EUR bilden. Insbesondere für gewerbliche Miner, die die gutgeschriebenen Bitcoins aufgrund langfristig angestrebter Haltezeit im Anlagevermögen sammeln, kann dies zu einer starken Verzerrung der VFE-Lage führen. Durch derzeitige Block-Rewards von 12,5 BTC pro Ankettung eines Blocks und der Tatsache, dass in vielen Fällen die gleichen Mining-Organisationen für die Verkettung verantwortlich sind, ist durchaus denkbar, dass sich obig angeführtes Beispiel in der Realität extremer darstellt, so war bspw. der Mining-Pool BTC.com allein im Zeitraum vom 15.02.2019 – 19.02.2019 für das Anketten von 118 Blöcken verantwortlich

---

[115] Vgl. Gerlach und Oser (2018), S. 1545.
[116] Vgl. Gerlach und Oser (2018), S. 1545. So auch Procházká (2018), S. 171f. im IFRS-Kontext.
[117] Vgl. Ummenhofer und Zeitler (2018), S. 447; Thurow (2014), S. 198; Winkeljohann und Bussow (2016), Kommentierung zu § 252 HGB, Rn. 43-44.

(siehe Anhang). Dieser Argumentation folgend, schließt sich die hier vertretene Meinung (trotz Bedenken zum Realisationsprinzips) Gerlach und Oser an, die eine bilanzielle Erfassung zum Zeitwert mit simultaner Realisierung von Erträgen vorschlagen.[118]

4.5 Kritik und Ausblick

In der Literatur scheint sich die Meinung durchzusetzen, dass an Börsen erworbene oder als Zahlungsmittel akzeptierte Bitcoins bilanzierungspflichtig und je nach Halteabsicht als erworbener immaterieller Vermögensgegenstand im Anlage- oder als sonstiger Vermögensgegenstand (seltener als Vorräte) im Umlaufvermögens auszuweisen sind. Bitcoins werden in vielen Aufsätzen verschiedener Disziplinen oft als Gold des Internets bezeichnet und mit Goldbarren verglichen. Goldbarren werden in den handelsrechtlichen Bilanzen von Banken ebenfalls unter den sonstigen Vermögensgegenständen ausgewiesen und nach dem strengen Niederstwertprinzip bewertet.[119] Ein identischer Ausweis von Bitcoins erscheint somit nicht nur zulässig, sondern spiegelt ebenfalls das wirtschaftliche Wesen der Bitcoins wider, die aktuell eher Anlagemöglichkeit als Zahlungsmittel darstellen. Anders gestaltet sich jedoch der Fall des Ausweises im Anlagevermögen. So stufen auch Kirsch und von Wieding (2017) einen Ausweis von Bitcoins als immateriellen Vermögensgegenstand nur aufgrund fehlender sachgerechter Alternativen als zulässig ein, wohingegen Haaker (2018) einen derartigen Ausweis strikt ablehnt, da die (zumeist) spekulativen Bitcoin-Bestände bei vorübergehenden Wertminderungen nicht abgeschrieben werden müssen und dies eine Verletzung des Gläubigerschutzes darstellt.[120] Diese Kritik wird in dieser Arbeit unterstützt. Der Begriff einer dauerhaften Wertminderung wird durch den Gesetzgeber nicht genau bestimmt, hierzu existieren lediglich Praxismeinungen oder Literaturempfehlungen. Dementsprechend ergeben sich bei einem Ausweis im Anlagevermögen Ermessensspielräume, die dazu führen können, dass Bitcoin-Bestände, wenn der Marktpreis unterhalb des Buchwerts sinkt, nicht abgeschrieben werden. Andere immaterielle Anlagegüter verbleiben prinzipiell langfristig im Unternehmen und stiften einen langfristigen internen Nutzen (z.B. Patente oder Rezepturen). Ein Verbleib über dem Stichtags(markt)wert ist daher angemessen. Wertpapiere des Anlage-

---

[118] Vgl. Gerlach und Oser (2018), S. 1545.
[119] Vgl. Haaker (2018), S. M5 und Thiele u.a. (2017), S. 8.
[120] Vgl. Kisch und von Wieding (2017), S. 2735, Haaker (2018), S. M4-M5.

vermögens werden verzinst (z.B. Dividenden) oder zur strategischen Ausrichtung des Unternehmens eingesetzt. Goldbarren hingegen bieten diesen Nutzen nicht und werden sachgerecht im Umlaufvermögen nach dem strengen Niederstwertprinzip bewertet. Für das „Gold des Internets" sollte gleiches gelten, da ein langfristiger, nutzenstiftender Einsatz den Bitcoins nicht unterstellt werden kann. Ihr Einsatz zielt i.d.R. auf einen Verkaufserlös durch Kurssteigerungen ab. Zum Schutz der Gläubiger sollten Bitcoins daher wie Goldbarren bilanziert und strikt anhand des strengen Niederstwertprinzips folgebewertet werden.[121]

Uneinigkeit in der Literatur besteht hingegen bezüglich der Bewertung von im Rahmen des Mining erlangter Bitcoins. Während einige Autoren dieses Thema nicht behandeln, empfehlen Ummenhofer und Zeitler die Bewertung zu Herstellungskosten. Konträr bevorzugen Gerlach und Oser eine Erstbewertung zum Zeitwert bei Gutschrift der Bitcoins. Alle diskutierten Alternativen können jedoch nicht vollends überzeugen. Eine Bewertung zum Zeitwert ist nach der hier vertretenen Meinung jedoch die vorzuziehende Alternative, da diese die wirtschaftlichen Eigenschaften des Bitcoins angemessen widerspiegelt und den Informationszweck des Jahresabschluss (VFE-Lage) stützt. Wenngleich in Deutschland aufgrund hoher Energiekosten keine bis wenig gewerbliche Miner ansässig sind, sind hier Gesetzgeber und privatrechtliche Institutionen angehalten, eine dauerhaft überzeugende Bilanzierungslösung zu entwickeln.[122]

Gleiches gilt für den Fall, dass Unternehmen Bitcoins als Zahlung akzeptieren. Die Begleichung einer ursprünglich in Euro formulierten Forderung durch Bitcoins, führt zur Erfassung von Umsatzerlösen. Wird jedoch direkt eine Bezahlung via Bitcoins vereinbart (Tauschgeschäft), führt dies zur Bildung von stillen Reserven und sonstigen betrieblichen Erträgen. Zwei ähnlich wirkende Sachverhalte werden dann bilanziell unterschiedlich behandelt. Auch hier sind Standardsetzer-Aktivitäten zwingend notwendig, um eine einheitliche Bilanzierungspraxis zu etablieren.

An dieser Stelle sollte jedoch erwähnt werden, dass obig erläuterte Bilanzierungsempfehlungen einen Status Quo darstellen. Stark einschneidende regulatorische Beschränkungen könnten die Bedeutung des Bitcoins zukünftig schwächen. Das stetig wachsende Akzeptanzniveau kann aber ebenso dazu führen, dass Bitcoins in der Praxis neben die (gesetzlichen) Zahlungsmittel tritt. Dann wäre ein ander-

---

[121] Vgl., Haaker (2018), S. M4-M5.
[122] So werden aufgrund der vergleichsweise kostengünstigen Energie mehr als 70% aller Bitcoins in China gemint. Vgl. hierzu Kaiser, Jurado und Ledger (2018) S. 5.

weitiger Ausweis denkbar: Gemäß § 265 Abs. 5 S. 2 HGB dürfen Positionen des vorgegebenen Gliederungsschemas ergänzt werden, wenn diese den wirtschaftlichen Gehalt von Geschäftsvorfällen nicht abdecken. So halten Gerlach und Oser bei steigender Bedeutung des Bitcoins als Zahlungsmittel eine Ergänzung des Postens § 266 Abs. 2 B. V. HGB „Virtuelle Währungen" bei gleichzeitigen Angaben im Anhang für möglich, um eine umfassende und angemessene Darstellung der Risikosituation und VFE-Lage sicherzustellen. Für diesen Bilanzposten könnten dann einheitliche Bewertungsgrundsätze abgleitet werden, die zu einer allgemeinen Gleichbehandlung von Geschäftsvorfällen führt.[123]

---

[123] Vgl. Gerlach und Oser (2018), S. 1547; Ummenhofer und Zeitler (2018), S. 449f.

5 Die Bilanzierung von Bitcoins nach IFRS

5.1 Allgemeine Bilanzierungsfähigkeit

Gemäß dem IFRS-Rahmenkonzept ist ein Vermögenswert „ [...] eine in der Verfügungsmacht des Unternehmens stehende Ressource, die ein Ergebnis von Ereignissen der Vergangenheit darstellt und von der erwartet wird, dass dem Unternehmen aus ihr künftiger wirtschaftlicher Nutzen zufließt."[124]

Unternehmen gelangen in unterschiedlicher Weise in den Besitz von Bitcoins: Durch den Erwerb an Börsen, als Vergütung oder als Belohnung für Mining-Aktivitäten. Diese Bitcoin-Bestände stellen ein Ergebnis von Ereignissen der Vergangenheit dar. Wenngleich rechtlich umstritten, ist der alleinige Besitz des private Key zu der entsprechenden Wallet in der wirtschaftlichen Betrachtungsweise ein hinreichendes Indiz für die Verfügungsmacht. Mittels des privat key kann der Besitz von Bitcoins nachgewiesen und Transaktionen durchgeführt werden.[125] Das Unternehmen kann also frei über die Verwendung der gehaltenen Bitcoins entscheiden. Der wirtschaftliche Nutzen bei Verkauf oder Zahlungsmitteleinsatz fließt dann dem Eigentümer des private key exklusiv zu. Damit erfüllt ein gehaltener Bestand von Bitcoins im Besitz eines Unternehmens die Definition eines Vermögenswertes im Kontext des IFRS-Regelwerks.

Weiterhin müssen Bitcoins den allgemeinen Ansatzvorschriften des Rahmenkonzepts genügen, damit sie bilanziell erfasst werden. Demnach werden Bitcoins in der Bilanz als Vermögenswert angesetzt, wenn „ [...] es wahrscheinlich ist, dass der künftige wirtschaftliche Nutzen dem Unternehmen zufließen wird, und wenn seine Anschaffungs- oder Herstellungskosten oder sein Wert verlässlich ermittelt werden können"[126]

Ein künftiger Nutzen fließt dem Unternehmen nur dann nicht zu, wenn die Kontrolle über den Bitcoin-Bestand, also der private key, verloren geht. Liegen jedoch keine Zugangsbeschränkungen vor, steht einem zukünftigen Nutzenzufluss nichts entgegen. Sicherheitsvorkehrungen bezüglich der Aufbewahrung des private key sind zwar für den Besitzer von Bedeutung, eröffnen aber keine Zweifel an der

---

[124] IASB.CF 4.4.
[125] Vgl. Kirsch und von Wieding (2018), S. 117.
[126] IASB CF.4.38.

Annahme des zukünftigen Nutzenzuflusses. Der Wahrscheinlichkeitsbegriff wird im Rahmenkonzept nicht näher konkretisiert, angelehnt an die Formulierung des IAS 37.23 ist aber von einer Eintrittswahrscheinlichkeit von mehr als 50% auszugehen („more likely than not").[127]

Eine verlässliche Ermittlung der Anschaffungskosten ist bei Erwerb über Tauschbörsen oder als Akzeptanz als Zahlungsmittel objektiv und neutral möglich.[128] Da es keine Ansatzverbote gibt (konkrete Bilanzierungsfähigkeit gegeben), handelt es sich bei Bitcoins zweifelsfrei um einen Vermögenswert, der in der IFRS-Bilanz zu aktivieren ist, fraglich bleibt jedoch, wie dieser auszuweisen ist. Aufgrund der ökonomischen Charakteristika des Bitcoins, kommen als potenzielle Bilanzposten vor allem Finanzinstrumente, Vorräte und immaterielle Vermögenswerte in Frage. Dagegen scheiden Sachanlagen (IAS 16), Investment Properties (IAS 40) und biologische Vermögenswerte (IAS 41) schon allein aufgrund der mangelnden körperlichen Beschaffenheit des Bitcoins aus.[129]

5.2 Ausweis

5.2.1 Finanzinstrumente

In IAS 32 werden die Ausweisregeln für Finanzinstrumente beschrieben. Dabei umfassen Finanzinstrumente Zahlungsmittel, Eigenkapitalinstrumente einer anderen Partei sowie die vertraglichen Rechte, Zahlungsmittel oder andere finanzielle Vermögenswerte zu erhalten oder finanzielle Vermögenswerte oder Verbindlichkeiten unter potentiell vorteilhaften Bedingungen mit anderen Unternehmen zu tauschen.[130] Die Diskussion der Ausweismöglichkeit des Bitcoins als Finanzinstrument gliedert sich in dieser Arbeit in Zahlungsmittel und Zahlungsmitteläquivalente sowie sonstige Finanzinstrumente.

---

[127] Vgl. IAS 37.23 und Kirsch und von Wieding (2018), S. 117.
[128] Vgl. Kirsch und von Wieding (2018), S. 117.
[129] Vgl. Kirsch und von Wieding (2018), S. 117; Lüdenbach (2018), S. 104.
[130] Vgl. IAS 32.11; Berger und Fischer (2018), S. 1197.

5.2.2 Zahlungsmittel und Zahlungsmitteläquivalente

Das Konzept von Zahlungsmitteln und Zahlungsmitteläquivalenten wird in IAS 32 – Finanzinstrumente in der Definition von Finanzinstrumenten aufgegriffen, jedoch in IAS 7 - Kapitalflussrechnungen konkretisiert. Demnach werden unter Zahlungsmitteln Barmittel und Sichteinlagen aufgefasst.[131] Zu diesen zählen hauptsächlich Bargeld in inländischer oder ausländischer Währung sowie Sichtguthaben bei Banken.[132] Bitcoins sind rein virtuell und können daher eindeutig keine physischen Barmittel darstellen. Weiterhin scheitert eine Klassifizierung von Bitcoins als Sichtguthaben bei Banken ebenfalls aus, da Kreditinstitute i.d.R. keine Wallet-Services anbieten und die Wallet kein klassisches Konto darstellt. Der Begriff „ausländische Währung" kann sich jedoch prinzipiell auch auf Bitcoins erstrecken.[133] Um zu erörtern, ob Bitcoins ein Zahlungsmittel in Form einer ausländischen Währung darstellen, hilft ein Blick auf die Anwendungsanleitungen - IAS 32.AG3, in denen das Wesen von Zahlungsmitteln in der Definition von Finanzinstrumenten aufgegriffen wird: *„Zahlungsmittel (flüssige Mittel) stellen einen finanziellen Vermögenswert dar, weil sie das Austauschmedium und deshalb die Grundlage sind, auf der alle Geschäftsvorfälle im Abschluss bewertet und erfasst werden. Eine Einzahlung flüssiger Mittel auf ein laufendes Konto bei einer Bank oder einem ähnlichen Finanzinstitut ist ein finanzieller Vermögenswert, weil sie das vertragliche Recht des Einzahlenden darstellt, flüssige Mittel von der Bank zu erhalten bzw. einen Scheck oder ein ähnliches Finanzinstrument zu Gunsten eines Gläubigers zur Begleichung einer finanziellen Verbindlichkeit zu verwenden".*[134]

Auch wenn die Anzahl von Unternehmen, die Bitcoins als Austauschmedium für gelieferte Waren und Dienstleistungen akzeptieren, stetig wächst, so lehnen noch fast alle judikatorischen Zuständigkeiten den Bitcoin als gesetzliches Zahlungsmittel ab. Wenngleich eine verlässliche Prognose der zukünftigen Entwicklung derzeit nicht vorgenommen werden kann, ist der Bitcoin aktuell davon entfernt, eine nach volkswirtschaftlicher Definition neue Form des Geldes darzustellen (vgl. Kapitel 3). Die volkswirtschaftliche Einordnung von Bitcoins stellt aber kein konstitutives

---

[131] Vgl. IAS 7.6.
[132] Vgl. Pellens u.a. (2017), S. 199.
[133] Vgl. Keiling und Romeike (2018), S. 269; Kirsch und von Wieding (2018), S. 118; Kapitel 4.2.1 für eine ausführlichere Begründung, warum Bitcoins kein Sichtguthaben bei Banken darstellen.
[134] IAS 32.AG3.

Ausschlusskriterium für den Ausweis als ein Zahlungsmittel in der IFRS-Bilanz dar.[135] Vielmehr scheitert eine Bilanzierung von Bitcoins unter den Zahlungsmitteln an der Definition ebendieser in IAS 32.AG3, die für Zahlungsmittel fordert, dass diese Austauschmedium und Grundlage für die Bewertung und Erfassung aller Geschäftsvorfälle des Abschlusses darstellen. In Kapitel 3 wurde erörtert, dass der Bitcoin noch davon entfernt ist, ein weitverbreitetes Tauschmedium darzustellen und nur selten Preise in Bitcoin angegeben werden. Ein Ausweis unter den Zahlungsmitteln ist somit nicht sachgerecht. Weiterhin können Unternehmen via Mining in den Besitz von Bitcoins kommen. Dies würde bei der an dieser Stelle diskutierten Klassifikation zu „selbsterstellten" Zahlungsmitteln führen und die Aussagekraft des Bilanzpostens verzerren.[136]

Neben den Zahlungsmitteln existieren Finanzinstrumente, die als Äquivalent für Zahlungsmittel gelten. Gemäß IAS 7.8 sind diese „ [...] *kurzfristige, äußerst liquide Finanzinvestitionen, die jederzeit in bestimmte Zahlungsmittelbeträge umgewandelt werden können und nur unwesentlichen Wertschwankungsrisiken unterliegen".*[137]

Im Januar 2019 unterlag der Bitcoins einer Wertschwankung von ca. 17% (vgl. Anhang). Diese starke Volatilität ist insbesondere im Vergleich zu etablierten Währungen wie den Euro oder Dollar oder Anlagemöglichkeiten wie S&P 500 wesentlich. Weiterhin werden Bitcoins an verschiedenen Handelsplattformen zu unterschiedlichen Kursen gehandelt, sodass sie nicht in einen bestimmten Zahlungsmittelbetrag umgewandelt werden können.[138] Der Ausweis von Bitcoins als Zahlungsmitteläquivalent erscheint somit zum aktuellen Zeitpunkt nicht zulässig.

5.2.3 Finanzinstrumente (andere als Zahlungsmittel und -Äquivalente)

Die Definition eines Finanzinstrumentes im IAS 32 ist relativ breit gefasst. Ein Finanzinstrument ist *„ein Vertrag, der gleichzeitig bei einem Unternehmen zu einem finanziellen Vermögenswert und bei einem anderen Unternehmen zu einer finanziellen Verbindlichkeit oder einem Eigenkapitalinstrument führt".*[139]

Die Anwendung dieser Definition auf Bitcoins scheitert an der Voraussetzung, dass ein Vertrag vorliegt. Der Besitz einer Einheit des Bitcoin vermittelt nicht das

---

[135] Vgl. Lüdenbach (2018), S. 104.
[136] Vgl. Thurow (2014), S.198.
[137] IAS 7.8.
[138] Vgl. Makarov und Schoar (2018), S. 14f.; Procházka (2018), S.179f.; Thurow (2014), S. 197.
[139] IAS 32.11.

vertragliche Recht, Zahlungsmittel oder eine andere Form der Kompensation (z.B. Vermögenswerte) von einer anderen Partei zu erhalten. Weiterhin gestaltet sich die Bestimmung der Vertragspartner schwierig. Ein durch konkludentes Handeln geschlossener Vertrag mit der Bitcoin-Gemeinschaft scheitert an der Abgrenzung der Vertragspartner, da die Bitcoin-Gemeinschaft weder eine natürliche noch juristische Person darstellt. In der dezentralen Bitcoin-Blockchain werden zwischen den Teilnehmern keine Vertragsverhältnisse geschlossen, vielmehr basiert die Teilnahme auf dem Vertrauen in dem zugrundeliegenden Algorithmus.[140] Die fehlende Eignung von Bitcoins als Finanzinstrument wird bei Betrachtung eines Anwendungsbeispiels über Goldbarren im IAS 39 – Implementation Guidance deutlich: Wenngleich Goldbarren hoch liquide sind, vermitteln sie dem Eigentümer kein vertragliches Recht auf Erhalt von Zahlungsmitteln oder einen anderen Vermögenswert und stellen somit kein Finanzinstrument dar.[141]

Auch die Anwendung eines Eigenkapitalinstrumentes auf Bitcoins scheidet aus, da Eigenkapitalinstrumente als „[...] *Vertrag, der einen Residualanspruch an den Vermögenswerten eines Unternehmens nach Abzug aller Schulden begründet"* definiert werden. Eine Bestimmung der Vertragspartner sowie des Residualanspruches ist nicht möglich.[142] Im Ergebnis ist eine Klassifizierung von Bitcoins als Finanzinstrument nicht zulässig.

5.2.4 Immaterielle Vermögenswerte

Als Ausweisoption für Bitcoins verbleiben die immateriellen Vermögenswerte. Da Bitcoins ein rein virtuelles Gut darstellen, liegt dieser Ausweis nahe. Bilanzierungsvorschriften für immaterielle Vermögenswerte werden durch IAS 38 geregelt. Dieser definiert einen immateriellen Vermögenswert als einen identifizierbaren, nicht monetären Vermögenswert ohne physische Substanz, dessen Verfügungsmacht bei einem Unternehmen liegt und von dem ein zukünftiger wirtschaftlicher Nutzen erwartet wird.[143]

---

[140] Vgl. Thurow (2014), S. 198; Berger und Fischer (2018), S. 1197.
[141] Vgl. IAS 39.IG, S. 28 und Venter (2016), S. 12.
[142] Vgl. IAS 32.11 und Kirsch und von Wieding (2018), S. 118.
[143] Vgl. IAS 38.8. Der wahrscheinliche wirtschaftlichen Nutzenzufluss bzw. die gegebene Verfügungsmacht wurden bereits Kapitel 5.1 bejaht.

Bitcoins haben keine physische Substanz. Als identifizierbar gilt ein Vermögenswert gemäß IAS 38, wenn er separierbar ist, d.h. durch das Unternehmen getrennt verkauft werden oder als Gegenleistung für die Lieferung von Waren oder Dienstleistungen übertragen werden kann.[144] Dies trifft auf die teilbaren Bitcoins (vgl. Kapitel 3) zu, da für sie ein aktiver Markt besteht und sie bereits von einigen Unternehmen als Gegenleistung akzeptiert werden. Weiterhin ist es notwendig, dass Bitcoins non-monetär sind. Bitcoins stellen für die Besitzer keinen Anspruch dar, diese in bestimmte oder bestimmbare Zahlungsmittelbeträge umzutauschen. Bereits obig wurde festgestellt, dass Bitcoins keine Zahlungsmittel bzw. Zahlungsmitteläquivalente) darstellen, sodass die Annahme der Non-Monetarität von Bitcoins vertretbar ist. Dieser Argumentation folgend ist ein Ausweis von Bitcoins unter den immateriellen Vermögenswerten durchaus zulässig.[145]

Immaterielle Vermögenswerte, die ein Unternehmen zur Veräußerung hält, werden von IAS 38 ausgeschlossen. Diese werden als Vorratsvermögen nach IAS 2 bilanziert.[146]

5.2.5 Vorräte

Der Ausweis des Vorratsvermögens wird durch IAS 2 geregelt. Laut IAS 2.6 handelt es sich bei Vermögenswerten um Vorräte, wenn diese zum Verkauf im normalen Geschäftsgang gehalten werden (Fertigerzeugnisse), sich in der Herstellung für einen Verkauf im normalen Geschäftsgang befinden (unfertige Erzeugnisse) sowie um RHB-Stoffe, die bei der Herstellung verbraucht werden.[147] Intuitiv werden mit dieser Definition physische Stoffe, wie Kohle oder Holz verbunden, dennoch schließt diese Definition die virtuellen Bitcoins nicht explizit aus.[148] Um zu evaluieren, ob Bitcoins im Rahmen der üblichen Geschäftstätigkeit verkauft werden und der Ausschluss als immaterielle Vermögenswert durch IAS 38.3 Anwendung findet, ist es folglich notwendig zu bestimmen, mit welcher Absicht Bitcoins im Unternehmen gehalten werden. Werden Bitcoins als Zahlungsmittel verwendet oder vereinnahmt, ist kein Verkauf beabsichtigt. Ebenfalls ist eine Klassifizierung als

---

[144] Vgl. IAS 38.12 (a).
[145] Vgl. Thurow (2014), S. 198.
[146] Vgl. Venter (2016), S. 13; IAS 38.3.
[147] Vgl. IAS 2.6.
[148] Vgl. Kirsch und von Wieding (2018), S. 119.

Vorratsvermögen ausgeschlossen, wenn Bitcoins zur Spekulation auf zukünftige Wertsteigerungen gehalten werden. Die Voraussetzung, dass Bitcoins zum Verkauf im normalen Geschäftsgang gehalten werden, kann jedoch als erfüllt angesehen werden, wenn ein Unternehmen regelmäßig mit Bitcoins handelt, sodass ein Ausweis als Vorratsvermögen unter diesen Umständen zulässig erscheint.[149]

Bestimmt ein Unternehmen, dass der Bitcoin-Bestand zum Verkauf im üblichen Geschäftsvorgang gehalten wird, ist es weiterhin notwendig zu bestimmen, ob es einen sog. Broker-Trader darstellt. Diese kaufen und verkaufen Vorräte für Dritte oder auf eigene Rechnung, mit dem Ziel durch Aufschlag einer Händlermarge oder durch Preisschwankungen einen Profit zu erzielen. In diesem Fall kann davon ausgegangen werden, dass der Kauf und Verkauf von Bitcoins den normalen Geschäftsgang widerspiegeln. Hier kommen insbesondere Handelsplattformbetreiber in Betracht, die die erworbenen Bitcoins in naher Zukunft wieder veräußern. Diese Differenzierung ist notwendig, da bei Vorliegen der Broker-Trader-Eigenschaft Bitcoins zwar unter den Vorräten ausgewiesen, aber nicht durch IAS 2 – Vorräte bewertet werden.[150]

5.3 Bewertung

5.3.1 Erstbewertung

Im Regelfall sind Bitcoins als immaterielle Vermögenswerte abzubilden. Seltener werden diese durch obig erwähnte Ausnahmeregelung dem Vorratsvermögen zugewiesen. Nach IAS 38 ist eine Aktivierung immaterieller Vermögenswerte nur dann gestattet, wenn die Anschaffungs- bzw. Herstellungskosten verlässlich bestimmt werden können und ein zukünftiger wirtschaftlicher Nutzenzufluss wahrscheinlich ist.[151] Im Falle von an Börsen erworbenen Bitcoins sind die Anschaffungskosten leicht bestimmbar und in Form des gezahlten Kaufpreises einschlägig. Als Anschaffungsnebenkosten kommen die im Erwerbsvorgang anfallenden Transaktionskosten in Betracht. Zu diesen zählen vom Käufer übernommene Transaktionsgebühren und Nutzungsgebühren der Handelsplattformen. Gebühren für die

---

[149] Vgl. Lüdenbach (2018), S. 105; Berger und Fischer (2018), S. 1199; Venter (2016), S. 13.
[150] Vgl. IAS 2.3; Berger und Fischer (2018), S. 1199; Procházka (2018), S. 169.
[151] Vgl. IAS 38.21. Der wahrscheinliche zukünftige Nutzenzufluss wurde in Kapitel 5.1 bestätigt.

Nutzung einer Wallet scheiden hingegen aus, da sie i.d.R. nicht einem einzelnen Anschaffungsvorgang zurechenbar sind.[152]

Werden Bitcoins als Vorratsvermögen ausgewiesen, da sie im Rahmen des üblichen Geschäftsgangs zur Veräußerung bestimmt sind, richtet sich die Zugangsbewertung anhand IAS 2. So sind erworbene Bitcoins am Bilanzstichtag mit dem niedrigeren Wert aus Anschaffungskosten oder Nettoveräußerungswert zu bewerten. Für die Zugangsbewertung sind die Anschaffungskosten und Anschaffungsnebenkosten einschlägig.[153] Diese bestimmen sich identisch zu den obigen Ausführungen zu Immaterialgütern.

Kommt ein Unternehmen zu dem Entschluss, dass es einen Broker-Trader für Bitcoins darstellt, wird die Bewertung von Bitcoins nicht anhand der Bestimmungen des IAS 2 bestimmt. Broker-Trader setzen Bitcoins dann erfolgswirksam zum Nettoveräußerungswert (fair value less costs to sell), also dem beizulegenden Zeitwert abzüglich von Verkaufskosten, an.[154]

5.3.2 Folgebewertung

Für die Folgebewertung der als immaterielle Vermögenswerte angesetzten Bitcoins, stehen dem Bilanzierenden die Anschaffungskostenmethode oder das Neubewertungsmodell zur Wahl. Entscheidet sich das Unternehmen für die Anschaffungskostenmethode, ist der Bitcoin-Bestand zu fortgeführten Anschaffungskosten fortzuschreiben.[155] Da es sich bei Bitcoins um einen immateriellen Vermögenswert mit unbestimmter Nutzungsdauer handelt, werden diese nicht planmäßig abgeschrieben, sind aber bei Vorliegen von Indizien, mindestens aber jährlich, auf eine Wertminderung zu testen (Impairment-Test). Eine Wertminderung liegt vor, wenn der Buchwert eines Vermögenswertes den erzielbaren Betrag übersteigt. Jeglicher Wertminderungsaufwand ist dann aufwandswirksam in der GuV zu erfassen. Wertaufholungen dürfen nur bis zur Höhe der historischen Anschaffungskosten vorgenommen werden.[156] Voraussetzung für die Wahl des Neubewertungsmodells ist, dass ein aktiver Markt für den betrachteten immateriellen Vermögenswert

---

[152] Vgl. Deloitte (2018), S.13; Hassler, Behys und Kerschbaumer (2010), S. 13; Kapitel 4.3.1.
[153] Vgl. IAS 2.9; Pellens u.a. (2017), S. 482ff.
[154] Vgl. IAS 2.9; Pellens u.a. (2017), S. 481.
[155] Vgl. IAS 38.72.
[156] Vgl. IAS 2.3; IAS 36.6; IAS 36.117-119; Berger und Fischer (2018), S. 1198.

herrscht. Dies trifft auf Bitcoins zweifelsfrei zu.[157] Nach dem Neubewertungsmodell werden Steigerungen des Fair Value erfolgsneutral im sonstigen Ergebnis (OCI= Other Comprehensive Income) erfasst und unter der Bilanzposition Neubewertungsrücklage kumuliert. Diese können zukünftig nicht in die GuV umgebucht werden, selbst wenn die Bestände an Bitcoins verkauft werden. Im Gegensatz dazu werden Wertminderungen unterhalb des Buchwerts erfolgswirksam erfasst.[158]

Im Falle des Ausweises als Vorratsvermögen sind planmäßige Abschreibungen ebenfalls nicht vorzunehmen. Die Folgebewertung bestimmt sich anhand des Ansatzes des niedrigeren Wertes aus historischen Anschaffungskosten und Nettoveräußerungswert. Um eine Wertminderung der zu Anschaffungskosten aktivierten Bitcoins festzustellen, ist an jedem Bilanzstichtag der Nettoveräußerungswert zu bestimmen. Wertminderungen werden dann erfolgswirksam erfasst. Im Falle von Bitcoins ergibt sich der Nettoveräußerungswert anhand des geschätzten Verkaufspreis, sowie geschätzter anfallender Vertriebskosten.[159] Durch den aktiven Markt von Bitcoins ist eine Bestimmung des Verkaufspreises i.d.R. unproblematisch. Den Vertriebskosten könnten u.a. übernommene Transaktionsgebühren und Gebühren für die Nutzung von Handelsplattformen zugerechnet werden. Letztere bestimmen sich häufig anhand Transaktionsvolumina, sodass eine verlässliche Schätzung vorgenommen werden kann.[160] Für die schwankenden Transaktionsgebühren könnten Durchschnittswerte herangezogen werden (bspw. monatlich wie im Anhang). Liegt der Umstand der Wertminderung nicht mehr vor, so ist diese rückgängig zu machen (Wertaufholungsgebot). Der neue Buchwert entspricht dann erneut dem niedrigeren Wert aus Anschaffungskosten und Nettoveräußerungswert. Dabei bilden die historischen Anschaffungskosten die Wertobergrenze.[161] Grundsätzlich gilt der Einzelbewertungsgrundsatz. Handelt es sich bei Vermögenswerten des Vorratsvermögens jedoch um eine große Stückzahl untereinander austauschbarer Vermögenswerte, können als Bewertungsvereinfachungsverfahren das FIFO-Verfahren und die Durchschnittsmethode angewandt werden.[162] Da Bitcoins homogen sind (vgl. Kapitel 3.3), erscheinen Bewertungs-

---

[157] Vgl. IAS 38.75; Procházka (2018), S. 174.
[158] Vgl. IAS 38.85; Deloitte (2018), S. 15.
[159] Vgl. Pellens u.a. (2017), S. 492f.
[160] Vgl. Ummenhofer und Zeitler (2018), S. 446.
[161] Vgl. IAS 2.33; Pellens u.a. (2017), S. 494.
[162] Vgl. IAS 2.23-25; Pellens u.a. (2017), S. 495.

vereinfachungsverfahren nach der hier vertretenen Meinung für größere Bitcoin-Bestände im Vorratsvermögen durchaus zulässig.

Broker-Trader bewerten Bitcoin-Bestände anhand des beizulegenden Zeitwerts abzüglich von Verkaufskosten. Dabei werden Fair-Value-Bewegungen erfolgswirksam erfasst.[163] Eine Bestimmung der Verkaufskosten kann dabei ähnlich zu den Ausführungen zur Folgebewertung zu unter Vorräten ausgewiesenen Bitcoin-Beständen erfolgen.

5.3.3 Bewertung bei Zahlungsmittelakzeptanz

Werden Bitcoins als Vergütung für die Lieferung von Waren oder Dienstleistungen akzeptiert, dürfte eine Umsatzrealisierung vorliegen, die unter das Regelwerk IFRS 15 – Erlöse aus Verträgen mit Kunden fällt. Die Transaktion ist als Tausch von Ware gegen immaterielle Vermögenswerte anzusehen. Die in den Besitz des Bilanzierenden erlangten Bitcoins werden dann zum Zeitwert aktiviert und die Differenz aus dem Buchwert der hingegeben Ware und dem Zeitwert der erlangten Bitcoins erfolgswirksam erfasst. Da für Bitcoins ein aktiver Markt besteht, ist der Fair Value i.d.R. unproblematisch bestimmbar. Ist eine verlässliche Bestimmung des Zeitwerts jedoch nicht möglich, richtet sich die Zugangsbewertung anhand der Einzelveräußerungspreise der erbrachten Leistungen.[164] Ausweis und Bewertung der als Zahlungsmittel akzeptierten Bitcoins richten sich dann nach obigen Ausführungen.

5.4 Mining

Im IFRS-Kontext werden Bitcoins grundsätzlich als immaterielle Vermögenswerte ausgewiesen. Durch Mining erlangte Bitcoins könnten somit als selbsterstellte immaterielle Vermögenswerte angesehen werden. Hierbei gelten die allgemeinen Ansatzkriterien für immaterielle Vermögenswerte ebenfalls für selbsterstellte: Es muss wahrscheinlich sein, dass ein zukünftiger Nutzen dem Unternehmen zufließt und eine verlässliche Bewertung der Anschaffungs- oder Herstellungskosten vorzunehmen sein. Eine Aktivierung scheitert dabei an der verlässlichen Bestimmung der Herstellungskosten. Gemäß den speziellen Ansatzkriterien für immaterielle Vermögenswerte nach IAS 38.57 müssen die während der Erstellung angefallenen Ausgaben verlässlich bewertet werden.[165] Dies ist im Falle des Mining nicht

---

[163] Vgl. Venter (2016), S. 13.
[164] Vgl. IFRS 15.48 (d) i.V.m. IFRS 15.66; Berger und Fischer (2018), S.1197f.
[165] Vgl. IAS 38.57(f); Pellens u.a. (2017), S. 398.

möglich. Eine Zurechnung der Aufwendungen zu einem einzelnen Mining-Erfolg kann nach identischer Begründung im Handelsrecht nicht vorgenommen werden: Der Erfolg ist zufallsabhängig und eine Verknüpfung von Aufwendungen zur Berechnung des nächsten Blocks und den Block-Rewards i.f.v. gutgeschriebenen Bitcoins kann nicht zweifelsfrei getätigt werden. Insbesondere da sich das HGB von den Aktivierungsregelungen zu selbsterstellten immateriellen Vermögenswerten des IAS 38 inspirieren lassen hat, kann an dieser Stelle ebenfalls das Argument angebracht werden, dass Mining-Aufwendungen dem gleichen Prinzip zu Grund liegen, die eine Aktivierung von Forschungskosten verbietet, da ein zukünftiger wirtschaftlichen Nutzen nicht nachgewiesen werden kann.[166] Ein Ausweis und eine Bewertung von „selbsterstellten" Bitcoins nach IAS 38 scheiden somit aus.[167]

In Ausnahmefällen werden Bitcoins auch als Vorratsvermögen nach IAS 2 bilanziert. Zu diesen zählen ebenfalls Vermögenswerte, die sich in der Herstellung für einen Verkauf im normalen Geschäftsgang befinden.[168] Wenngleich äußerst fraglich bleibt, ob das Mining einem Herstellungsprozess gleichzusetzen ist, könnte ein Ausweis geschürfter Bitcoin unter den Vorräten für Unternehmen zulässig erscheinen, die im Rahmen der üblichen Geschäftstätigkeit Bitcoins „erstellen" und kurzfristig veräußern. Als Herstellungskosten gelten dann die Kosten des Erwerbs, der Herstellung und sonstige Kosten, die anfallen, um die Vorräte an/in ihren derzeitigen Ort oder Zustand zu versetzen.[169] Weiterhin ist es erforderlich, die Herstellungsgemeinkosten anhand üblicher Produktivität bzw. Kapazität auf den hergestellten Vermögenswert zu verteilen. Hier scheitert jedoch die Anwendung der Richtlinien zur Herstellung von Vorratsvermögen auf den Sachverhalt des Bitcoin-Minings. Beim Schürfen kann keine Verteilung der i.d.R. (fast) ausschließlich anfallenden Gemeinkosten (hauptsächlich Energiekosten) auf einen einzelnen zufallsabhängigen Mining-Erfolg vorgenommen werden. Selbst falls jeglicher Mining-Versuch erfolgreich wäre, stünden bilanzierende Unternehmen vor Probleme, die Gemeinkosten in der Praxis verlässlich zu verteilen, da eine Ankettung eines Blocks

---

[166] Vgl. IAS 38.55 und IAS 38.21(a); Kapitel 4.4.
[167] Im gleichen Ergebnis auch Procházka (2018), S. 174f.
[168] Vgl. IAS 2.6.
[169] Vgl. IAS 2.10.

im Schnitt nur 10 Minuten in Anspruch nimmt.[170] Somit ist eine Bilanzierung geschürfter Bitcoins innerhalb des Vorratsvermögens ebenfalls unzulässig.

Da sich eine Bilanzierung geschürfter Bitcoins nicht an der Herstellung eines Vermögenswertes orientieren kann, könnte eine Behandlung als Realisierung von Umsatzerlösen in Frage kommen, da das Fortbestehen und die Validität der Blockchain nur durch die Bemühungen der Miner gesichert wird. So könnten Block-Rewards als Entlohnung für eine Dienstleistung interpretiert und die Community als Kunde betrachtet werden.[171] Dann kommen die Richtlinien des IFRS 15 in Betracht. Diese fordern jedoch explizit, dass ein Vertragsverhältnis mit einem Kunden besteht. Zwischen demjenigen Miner der den nächsten Block berechnet und den Teilnehmern des Netzwerkes besteht jedoch kein direktes vertragliches Verhältnis.[172] Dennoch könnte ein stillschweigender Vertragsabschluss zwischen allen Teilnehmern der Bitcoin-Blockchain vorliegen, die allgemein darüber informiert sind, dass erfolgreiche Mining-Aktivitäten mit systemseitig vordefinierten Bitcoin-Beträgen entlohnt werden. Allerdings müssten dann die zugrundeliegenden Rechte und Pflichten durchsetzbar sein.[173] Dies erscheint im Rahmen des Mining fraglich. Bereits die Identifikation eines Kunden in Form der gesamten Bitcoin-Gemeinschaft kann nicht zweifelsfrei vorgenommen werden. Somit kann im Hinblick auf die global agierenden Teilnehmer des Bitcoin-Netzwerkes, indem Transaktionen ohne zentrale Instanz abgewickelt werden, eine Durchsetzbarkeit der Rechte und Pflichten nicht eindeutig geklärt werden.[174] Block-Rewards können folglich nicht als Erlöse im Rahmen von IFRS 15 klassifiziert werden.

Somit verbleibt lediglich die Möglichkeit, die im Rahmen des Mining-Prozesses angefallenen Aufwendungen in der Periode des Entstehens aufwandswirksam zu erfassen. Ist der Mining-Versuch erfolgreich, werden die gutgeschriebenen Bitcoins i.d.R. als immaterielle Vermögenswerte ausgewiesen und sonstige betriebliche Erträge in Höhe des Zeitwerts der erhaltenen Bitcoins erfasst. Eine Bilanzierung zu Null wird nach gleichen Gesichtspunkten zur Analyse des Handelsrechts abgelehnt, da eine Null-Bilanzierung mit einhergehender Ertragsrealisierung frühestens im Zeitpunkt der Verwendung zu einer starken Verzerrung der VFE-Lage des

---

[170] Vgl. Procházka (2018), S. 171f.
[171] Vgl. Berger und Fischer (2018), S. 1198.
[172] Vgl. IAS 15.6; Berger und Fischer (2018), S. 1198.
[173] Vgl. IFRS 15.9 (b), Berger und Fischer (2018), S. 1198.
[174] Vgl. GrantThornton (2018), S. 6.

bilanzierenden Unternehmen führen würde. Durch Miningerfolge gutgeschrieben Bitcoins stellen einen Zufluss wirtschaftlichen Nutzens dar, da sie eine Erhöhung der Vermögenswerte bewirken und sollten dementsprechend bilanziell abgebildet werden, um Bilanzadressaten verlässliche und entscheidungsrelevante Informationen weiterzugeben und die Ertragskraft des Unternehmens angemessen widerzuspiegeln.[175] Dies ist im vorliegenden Fall nur möglich, wenn die geschürften Bitcoins mittels des beizulegenden Zeitwerts erfasst werden.

5.5 Kritik

Die IFRS sind ein kasuistisch geprägtes Regelwerk, denen es an prinzipienorientierter Systematik fehlt. Während für verschiedene Bereiche der Bilanzierung eindeutige Richtlinien existieren, scheinen Bitcoins auf den ersten Blick durch das Raster der IFRS zu fallen. Im Ergebnis ist jedoch festzustellen, dass eine Abbildung von Bitcoins als immaterielle Vermögenswerte (seltener als Vorräte) vertretbar erscheint. Dennoch scheint sich diese Bilanzierungsweise in der Literatur durchsetzen zu wollen.[176] Dabei spiegeln Bitcoins, die hauptsächliche als Investitionsobjekt oder Transaktionsmedium eingesetzt werden, nicht intuitiv das Wesen eines immateriellen Vermögenswertes wider. Vielmehr erscheint der Ausweis als Immaterialgut eine Notlösung zu sein, in die Bitcoins zwecks Mangel an sachgerechten Alternativen gedrängt werden.[177] Dies spiegelt sich zunächst an der Annahme der Non-Monetarität von Bitcoins wieder, die obig noch vorsichtig bejaht wurde und vorausgesetzt wird, damit ein Ausweis unter IAS 38 erfolgen kann. IAS 38.8 beschreibt monetäre Vermögenswerte als „ [...] *im Bestand befindliche Geldmittel und Vermögenswerte, für die das Unternehmen einen festen oder bestimmbaren Geldbetrag erhält"*.[178] Wenngleich eine Einstufung als Geldmittel unter ökonomischen, als auch im IFRS-Kontext definitorischen Gesichtspunkten abgelehnt wurde, werden Bitcoins durchaus bereits als Zahlungsmittel genutzt und können an einer Börse in bestimmte Geldbeträge (die u.U. zwischen einzelnen Börsen schwanken) umgewandelt werden. Der Bitcoin bewegt sich in einer Grauzone zwischen Monetarität

---

[175] Vgl. Kapitel 4.5; Procházka (2018), S. 172; GrantThornton (2018), S. 6.
[176] Vgl. bspw. Berger und Fischer (2018), S. 1197ff.; Thurow (2014), S. 197ff.; Deloitte (2018), S. 12; Loitz (2018), S. M4f.; Venter (2016), S. 12ff. und weitere.
[177] Vgl. Kirsch und von Wieding (2018), S. 119.
[178] IAS 38.8.

und Non-Monetarität. Diese definitorische Unklarheit kann somit als Kritikpunkt an einem Ausweis als Immaterialgut angeführt werden.[179]

Dies vermittelt den Eindruck, dass Bitcoins nur mittels abstrakter Argumentation als immaterielle Vermögenswerte einzustufen sind. Dies verstärkt sich bei genauerer Betrachtung des einschlägigen Standards IAS 38. Dieser führt zwei Kategorien immaterieller Vermögenswerte an: Vermögenswerte mit begrenzter oder unbegrenzter bzw. unbestimmter Nutzungsdauer. Während immaterielle Vermögenswerte mit begrenzter Nutzungsdauer planmäßig abgeschrieben werden, findet diese bei Vermögenswerten mit unbestimmter Nutzungsdauer nicht statt. Beide Kategorien eint das Wesen, dass sie dem Unternehmen über einen *Zeitraum* einen Nutzen stiften, indem sie fortführend einen Nutzenzufluss generieren. Dies ist bei Bitcoins nicht der Fall, da sie nur in einem *Zeitpunkt*, bei Verkauf oder Einsatz als Tauschmittel, zu einem Nutzenzufluss führen. Eine langfristige Nutzenstiftung kann daher nicht unterstellt werden.[180] Ein Ausweis von Bitcoins unter den immateriellen Vermögenswerten ist somit nicht ausgeschlossen, eine korrekte Darstellung des wirtschaftlichen Wesens ist dabei jedoch nicht gegeben, da dem Standard für immaterielle Vermögenswerte das Prinzip zu Grunde liegt, dass Vermögenswerte langfristig dem Unternehmen dienen und einen Kapitalfluss generieren (z.B. geistiges Eigentum, Brandbreitenrechte, Filmrechte).[181]

So stellt sich die Frage, wie der ökonomische Gehalt der Bitcoins korrekt dargestellt werden sollte. In der Analyse des Kapitels 3 konnte festgestellt werden, dass Bitcoins hauptsächlich als Investitionsobjekt aber in einigen Fällen bereits als Zahlungsmittel eingesetzt werden. Um Abschlussadressaten entscheidungsnützliche Informationen zu vermitteln, wäre lediglich eine Fair Value-Bilanzierung angemessen, da Investoren zu diesem Wert ihr Investment realisieren oder Bitcoins in Güter und Dienstleistungen tauschen. Dabei sollten Wertsteigerungen und Wertminderungen erfolgswirksam erfasst werden (FVPL = Fair Value through Profit and Loss), um die Ertragskraft des Unternehmens angemessen darzustellen.[182] Unter der bisher als vertretbar eingestuften Bilanzierungsweise ist dies jedoch nicht möglich. Einzig der Ausnahmefall des Broker-Traders ermöglicht eine angemessene Fair-

---

[179] Vgl. Kirsch und von Wieding (2018), S. 119.
[180] Vgl. Lüdenbach (2018), S. 105. Unter ähnlicher Argumentation wurde ein handelsrechtlicher Ausweis von Bitcoins im Anlagevermögen kritisiert (vgl. Kapitel 4.5).
[181] Vgl. Deloitte (2018), S. 15.
[182] Vgl. Berchowitz (2017), S. 2f.

Value-Bilanzierung. Dies sollte jedoch nur für die wenigstens Unternehmen zutreffen. Im Regelfall werden Bitcoins jedoch zu Anschaffungskosten oder mittels der Neubewertungsmethode bilanziert. Diese Bewertungsmodelle sind jedoch ungeeignet um Abschlussadressaten relevante und entscheidungsnützliche Informationen bereitzustellen, da im Anschaffungskosten- bzw. Neubewertungsmodell lediglich Wertminderungen erfolgswirksam erfasst werden. Die GuV des Unternehmens spiegelt so die Leistungskraft des Unternehmens nicht zutreffend wider, da aktuelle Marktpreise und Marktpreisveränderungen relevantere Informationen für die Adressaten des Abschlusses darstellen. Eine Bilanzierung von Bitcoins unter immateriellen Vermögenswerten oder Vorräten steht dann dem explizit ausgesprochenem Ziel der „Decision Usefulness" entgegen. Insbesondere bei größeren Bitcoin-Beständen kann ein solcher Ausweis Fehlinterpretationen bei Abschlussadressaten hervorrufen, die unter Bitcoins gemäß ihrem Verwendungszweck wohlmöglich eher Zahlungsmittel oder Finanzinstrumente verstehen.[183]

Damit eine konsequente und angemessene FVPL-Bilanzierung des Bitcoin ermöglicht wird, müssten diese, entsprechend ihrer ökonomischen Verwendung, als Finanzinstrument oder Zahlungsmittel eingestuft werden. Der heute nicht mehr gültige IAS 25 – Bilanzierung von Finanzinvestitionen definierte eine Investition als ein Vermögenswert, der von einem Unternehmen gehalten wird, um eine Vermögensvermehrung durch Einnahmen von Zinsen oder Dividenden oder durch Wertsteigerung zu generieren. Diese Definition hätte Investitionen in Bitcoins durchaus eingeschlossen und eine bessere Abgrenzung zu immateriellen Vermögenswerten, die zur langfristigen Nutzung gehalten werden, ermöglicht. Weiterhin hätte dieser Standard eine Fair-Value-Bilanzierung gestattet. Durch das Ersetzen von IAS 25 durch IAS 39 und IAS 40 ist eine Regelungslücke für aus Investmentzwecken gehaltene immaterielle Vermögenswerte entstanden. Insbesondere anzumerken ist, dass eine solche Unterscheidung für materielle Vermögenswerte anhand der Standards IAS 16 und IAS 40 vorgenommen wird. Gleiches sollte ebenfalls für immaterielle Vermögenswerte gelten.[184]

---

[183] Vgl. Venter (2016), S. 16f.; IAS 1.9.
[184] Vgl. Venter (2016), S. 14f.; Deloitte (2018), S. 15ff. Weitere Beispiele von Vermögenswerten, die der Regelungslücke unterliegen sind Edelsteine, Kunststücke, Antiquitäten und Emissionsrechte, wenn diese zum Zwecke der Vermögensvermehrung im Unternehmen gehalten werden.

5.6 Lösungsvorschläge

Bitcoins stellen zweifellos einen Vermögenswert dar, der in der Bilanz dargestellt werden muss, um Abschlussadressaten entscheidungsnützliche Informationen zu vermitteln. Existierende Richtlinien können jedoch nur mit wohlwollender Argumentation angewandt werden, spiegeln das ökonomische Wesen von Bitcoins jedoch nicht angemessen wider. Da bisher keine eindeutige Richtlinie seitens des IASB präsentiert wurde, ist eine Regelungslücke innerhalb der IFRS entstanden. Fälle für die keine eindeutige Regelung existiert, werden durch IAS 8.10 aufgefangen: *„Ist ein Geschäftsvorfall, ein anderweitiges Ergebnis oder eine Gegebenheit von keinem Standard oder keiner Interpretation geregelt, hat das Management mit seinem Urteilsvermögen eine Bilanzierungs- und Bewertungsmethode zu entwickeln und anzuwenden, welche in Bereitstellung von relevanten und verlässlichen Informationen resultiert".*[185] Dabei soll sich das Management an Bestimmungen und Hinweise in Standards und Interpretationen orientieren, die ähnliche oder verwandte Sachverhalte regeln. Angemessene Analogien für die Behandlung von Bitcoins sollten dabei die Risiken und das wirtschaftliche Wesen treffend abbilden und verständliche, entscheidungsrelevante Informationen ermöglichen.[186]

Bitcoins werden im begrenzten Umfang bereits als Zahlungsmittel verwendet, eine volkswirtschaftliche Klassifizierung als Geld kann aktuell aufgrund geringer Akzeptanz und hoher Volatilität nicht vorgenommen werden. Ein bilanzrechtlicher Zwang dieser Feststellung zu folgen, besteht aber nicht. Hochinflationswährungen erfahren insbesondere außerhalb ihres Währungsgebiets ebenfalls nur geringe Akzeptanz und sind als Wertaufbewahrungsmittel ungeeignet. Dennoch werden diese als Zahlungsmittel unter den Fremdwährungen bilanziert. In Fällen in denen Bitcoins als Zahlungsmittel akzeptiert oder verwendet werden, könnte IAS 21 eine geeignete Analogie darstellen.[187] Dies würde eine zum Kassakurs in die funktionale Währung umgerechnete Erstbewertung und eine erfolgswirksame Folgebewertung der Bitcoins zum jeweiligen Stichtagskurs ermöglichen, solange ein aktiver Markt bestehen bleibt. Ein dem Verwendungszweck entsprechender Ausweis als Zahlungsmittel ist somit möglich, während die Bewertung die Kursrisiken

---

[185] IAS 8.10.
[186] Vgl. IAS 8.11; Lüdenbach (2018), S. 107.
[187] Vgl. Procházka (2018), S. 166; Keiling und Romeike (2018), S. 271f.; Lüdenbach (2018), S. 107.

angemessen widerspiegelt, die dem Posten der Fremdwährungsbestände zu Grunde liegt.[188] Um eine unmissverständliche und unverzerrte Darstellung, insbesondere im Hinblick auf die Kursschwankungen des Bitcoins, zu gewährleisten, kann ein Davon-Vermerk erstellt werden, der verdeutlicht in welchem Umfang Bitcoins im Posten enthalten sind.[189]

Hauptsächlich werden Bitcoins jedoch zur Kapitalvermehrung durch Kurssteigerungen gehalten. Dann stellen Richtlinien zum Ansatz und zur Bewertung von Finanzinstrumenten nach IAS 39 und IFRS 9 mögliche Analogien dar, die eine sachgerechte Bilanzierung ermöglichen. Werden Bitcoins zur kurzfristigen Spekulation angeschafft, weist der Verwendungszweck starke Ähnlichkeit zu Finanzinstrumenten auf, die kurzfristig zu Handelszwecken gehalten werden. Diese werden der Klasse der via „Fair Value through Profit and Loss" bewerteten Finanzinstrumente zugeordnet. Um Abschlussadressaten bei kurzfristiger, spekulativer Haltezeit der Bitcoins entscheidungsnützliche Informationen zu vermitteln, findet die Erst- und Folgebewertung, wie der Klassentitel unmissverständlich andeutet, anhand des beizulegenden Zeitwerts statt und Fair-Value-Bewegungen werden erfolgswirksam erfasst.[190]

Langfristig gehaltene Bitcoin-Bestände können jedoch nicht mit zu Handelszwecken gehaltenen Finanzinstrumenten verglichen werden. Da Bitcoins weder einer Endfälligkeit unterliegen, noch eine Ausleihung oder Forderung darstellen, kann sich die Bilanzierung von langfristigen gehaltenen Bitcoin-Beständen nicht anhand der Klassen „loans and receivables oder „held-to-maturity investements" orientieren. Finanzinstrumente, die nicht diesen Klassen zugeordnet werden können, werden unter „available for sale" ausgewiesen. Eine Erst- und Folgebewertung findet hier ebenfalls zum beizulegenden Zeitwert statt, jedoch werden Wertschwankungen grundsätzlich erfolgsneutral über das sonstige Ergebnis erfasst (FVOCI). Finanzinstrumente dieser Klasse, deren Wertveränderungen hauptsächlich auf Wechselkursschwankungen zurückzuführen sind, werden jedoch anhand IAS 21 erfolgswirksam behandelt.[191] Dies trifft durchaus auf Bitcoins zu. Eine Bewertung erfolgt dann analog zum Fall, indem ein Ausweis von Bitcoins als Fremdwährung unter den Zahlungsmitteln empfohlen wird.

---

[188] Vgl. IAS 21.21, 21.23, 21.28; Keiling und Romeike (2018), S. 271f.; Lüdenbach (2018), S. 107.
[189] Vgl. Keiling und Romeike (2018), S. 272.
[190] Vgl. IAS 39.43; Keiling und Romeike (2018), S. 272; Procházka (2018), S. 181.
[191] Vgl. Pellens (2017), S. 659f.

5.7 Ausblick

Nach strenger Auslegung des IFRS-Regelwerks kann ein Ausweis und eine Bewertung von Bitcoins anhand von Zahlungsmitteln und Finanzinstrumenten nicht vorgenommen werden. Die Auffangregel des IAS 8.10-11 kann die Regelungslücke zur Bilanzierung von Bitcoins jedoch schließen. Unter Berücksichtigung des wirtschaftlichen Wesens der Bitcoins und dem Ziel der Decision Usefulness konnten angemessene Analogien innerhalb des IFRS-Regelwerks gefunden und Empfehlungen zur Bilanzierung abgegeben werden, sodass eine FVPL-Bilanzierung möglich ist und ein Ausweis dem Verwendungszweck von Bitcoins entspricht. Mit dem Ziel einen Vermögenszuwachs treffend darzustellen und entscheidungsnützliche Informationen bereitzustellen, wird für via Mining erhaltene Block-Rewards eine zum beizulegenden Zeitwert erfolgende Erfassung der geschürften Bitcoins im Zeitpunkt der Gutschrift empfohlen, die parallel zu sonstigen betrieblichen Erträgen führt. Mining-Kosten werden dabei in der Periode des Anfalls aufwandswirksam verbucht.

Diesen Empfehlungen stehen jedoch einige Limitationen entgegen. Das Kriterium der Decision Usefulness kann von Bilanzierenden zu Bilanzierenden unterschiedlich ausgelegt werden, insbesondere da Forschungen zur Bilanzierung von Bitcoins nicht weit fortgeschritten sind und keine empirischen Studien existieren, die Aufschluss über eine effektiv entscheidungsnützliche Bilanzierungsweise geben.[192] Zusätzlich besteht auch bei der Beantwortung der Frage der Monetarität des Bitcoins Ermessensspielraum, sodass eine (nicht sachgerechte) Bilanzierung von Bitcoins nach IAS 38 bzw. IAS 2 vertretbar bleibt. Damit zeichnet sich die aktuelle Situation durch „diversity in practice" aus. Dies wird sich ohne Initiative von Standardsetzern zukünftig auch nicht ändern. Um eine einheitliche, sachgerechte und widerspruchsfreie Bilanzierung zu ermöglichen, ist insbesondere das IASB angehalten sich mit diesem Thema auseinanderzusetzen und Richtlinien zur Bilanzierung von Bitcoins zu veröffentlichen, da durchaus anzunehmen ist, dass die Bedeutung der Bitcoin-Blockchain zukünftig nicht schwinden wird.

---

[192] Vgl. Procházka (2018), S. 184.

6 Thesenförmige Zusammenfassung

1. Die Bitcoin-Blockchain ist ein verteiltes Kontenbuch, welches sich durch drei Konzepte auszeichnet: Sie ist ein dezentral gespeichertes Netzwerk, dass Transaktionen mittels asymmetrisch-kryptografischer Verfahren P2P abwickelt und das Mining als Anreizsystem zur Selbstsicherung und -Aktualisierung integriert.

2. Bitcoins erfüllen die Geldeigenschaften der Übertragbarkeit, Teilbarkeit, Homogenität, Knappheit und Haltbarkeit. Eine Geldfunktionalität ist somit prinzipiell möglich.

3. Effizienzprobleme, geringe Akzeptanz im Wirtschaftskreislauf und insbesondere die hohe Volatilität verhindern die Erfüllung der Funktionen als Tauschmittel, Recheneinheit und Wertaufbewahrungsmittel. Stand heute stellen Bitcoins kein Geld dar.

4. Bitcoins sind ein handelsrechtlich bilanzierungspflichtiger Vermögensgegenstand, der in der Regel bei langfristiger Halteabsicht unter immateriellen Vermögensgegenständen sowie bei kurzfristiger Halteabsicht unter den sonstigen Vermögensgegenständen ausgewiesen werden kann. Bei Vorliegen einer Handelstätigkeit ist ein Ausweis unter den Vorräten zulässig.

5. Die handelsrechtliche Erstbewertung orientiert sich gemäß dem Anschaffungskostenprinzip am gezahlten Kaufpreis.

6. Eine Folgebewertung richtet sich bei einem Ausweis im Anlagevermögen anhand des milden sowie bei einem Ausweis im Umlaufvermögen anhand des strengen Niederstwertprinzips. Planmäßige Abschreibungen sind nicht vorzunehmen. Bewertungsvereinfachungsverfahren sind für kurzfristige gehaltene Bestände zulässig.

7. Bei Erhalt von Bitcoins als Zahlungsmittelakzeptanz führt ein Ausgleich einer ursprünglich in Euro dotierten Forderung zu einer Umsatzrealisierung. Wird eine Bezahlung durch Bitcoins vereinbart, liegt ein Tauschgeschäft vor. Erhaltene Bitcoins werden am Zeitwert der hingegebenen Leistung gemessen, sodass erst bei Verwendung sonstige betriebliche Erträge durch Auflösung von stillen Reserven entstehen.

8. Mining stellt handelsrechtlich keinen Herstellungsprozess dar, sodass sich eine aufwandswirksame Erfassung von Mining-Aufwendungen in der Periode des Anfalls empfiehlt. Block-Rewards werden im Zeitpunkt der Gutschrift zum Zeitwert angesetzt und simultan sonstige betriebliche Erträge in gleicher Höhe erfasst.

9. Ein handelsrechtlicher Ausweis unter den Immaterialgütern ist unter Berücksichtigung des Gläubigerschutzes strittig. Die Anwendung des milden Niederstwertprinzips auf Bitcoins ist unangemessen. Uneinheitliche Bilanzierungspraktiken bei Zahlungsmittelakzeptanz und die unsichere Bilanzierung des Minings, erfordern die Entwicklung von Richtlinien durch Gesetzgeber und privatrechtliche Institutionen.

10. Bitcoins erfüllen die allg. Ansatzvorschriften des IFRS-Rahmenkonzepts und sind aktivierungspflichtig. Ein Ausweis findet i.d.R. unter den Immaterialgütern statt. Bei Vorliegen einer Bitcoin-Handelstätigkeit ist ein Ausweis unter den Vorräten zulässig, wobei dann zu prüfen ist, ob die Kriterien eines Broker-Traders erfüllt sind.

11. Eine Erstbewertung der als Immaterialgut oder Vorräte ausgewiesenen Bitcoins orientiert sich an den Anschaffungskosten anhand des gezahlten Kaufpreises. Broker-Trader hingegen bilanzieren Bitcoins zum Nettoveräußerungswert.

12. Als Immaterialgut ausgewiesene Bitcoins werden nach der Anschaffungskosten- oder Neubewertungsmethode bewertet. Ein Ausweis unter den Vorräten unterliegt der Bewertung anhand des niedrigeren Werts aus Anschaffungskosten und Nettoveräußerungswert, wobei Bewertungsvereinfachungen zulässig sind. Broker-Trader folgebewerten Bitcoins erfolgswirksam anhand des Nettoveräußerungswerts.

13. Als Zahlungsmittel akzeptierte Bitcoins fallen unter das Regelwerk IFRS 15. Dieses sieht eine Aktivierung zum Zeitwert vor. Die Differenz aus Buchwert der hingegeben Leistung und Zeitwert der erlangten Bitcoins wird erfolgswirksam erfasst.

14. Eine verlässliche Bestimmung der Herstellungskosten sowie die Bestimmung der Vertragspartner des Mining-Prozesses sind nicht möglich. Eine bilanzielle Behandlung des Minings anhand IAS 2, IAS 38 oder IFRS 15 scheidet aus, sodass anfallende Mining-Kosten in der Periode des Anfalls aufwandswirksam erfasst sowie Block-Rewards im Zeitpunkt der Gutschrift zum Zeitwert angesetzt und simultan sonstige betriebliche Erträge in gleicher Höhe erfasst werden.

15. Die Bilanzierung von Bitcoins als Immaterialgüter bzw. Vorräte spiegelt hinsichtlich der Zielsetzung der Decision Usefulness weder den Verwendungszweck wider, noch kann eine angemessene erfolgswirksame Fair Value-Bewertung vorgenommen werden (ausgenommen Broker-Trader), sodass eine Regelungslücke entstanden ist.

16. Durch die Auffangregel des IAS 8.10 können angemessene Analogien innerhalb des IFRS-Regelwerks gefunden werden, die den Verwendungszweck der Bitcoins treffen darstellen und entscheidungsnützliche Informationen durch eine erfolgswirksame Fair Value-Bilanzierung liefern.

17. Als Zahlungsmittel verwendete Bitcoins werden unter den Fremdwährungen ausgewiesen. Langfristig gehaltene Investitionen stellen Finanzinstrumente der Klasse Available for Sale dar. Beide Alternativen richten sich anhand IAS 21. Zur Spekulation angeschaffte Bitcoins sind Finanzinstrumenten ähnlich, die kurzfristig zu Handelszwecken gehalten werden, sodass sich Ansatz und Bewertung anhand IAS 39 und IFRS 9 richten. Für alle Analogien gilt eine FVPL-Bilanzierung.

Anhang

Datum	Gebühr in USD	Gebühr in EUR	Transaktionen	BTC-EUR-Kurs
01.01.2019	$0,179	0,156 €	234.725	3.334,64 €
02.01.2019	$0,257	0,224 €	271.696	3.467,20 €
03.01.2019	$0,255	0,222 €	291.016	3.337,05 €
04.01.2019	$0,266	0,232 €	281.772	3.398,43 €
05.01.2019	$0,179	0,156 €	265.192	3.372,24 €
06.01.2019	$0,252	0,219 €	258.522	3.564,20 €
07.01.2019	$0,340	0,296 €	284.782	3.504,72 €
08.01.2019	$0,265	0,231 €	318.524	3.502,36 €
09.01.2019	$0,306	0,266 €	319.056	3.482,58 €
10.01.2019	$0,302	0,263 €	327.338	3.174,55 €
11.01.2019	$0,288	0,251 €	308.372	3.191,87 €
12.01.2019	$0,222	0,193 €	281.502	3.190,44 €
13.01.2019	$0,184	0,160 €	276.997	3.083,07 €
14.01.2019	$0,221	0,192 €	326.685	3.218,44 €
15.01.2019	$0,257	0,224 €	302.279	3.164,25 €
16.01.2019	$0,298	0,259 €	305.702	3.174,11 €
17.01.2019	$0,287	0,250 €	296.695	3.205,40 €
18.01.2019	$0,249	0,217 €	305.965	3.193,37 €
19.01.2019	$0,230	0,200 €	282.188	3.272,02 €
20.01.2019	$0,178	0,155 €	294.118	3.127,99 €
21.01.2019	$0,225	0,196 €	315.202	3.123,91 €
22.01.2019	$0,252	0,219 €	296.040	3.156,57 €
23.01.2019	$0,278	0,242 €	293.494	3.132,96 €
24.01.2019	$0,267	0,232 €	308.146	3.170,99 €
25.01.2019	$0,295	0,257 €	301.085	3.143,60 €
26.01.2019	$0,248	0,216 €	288.285	3.152,35 €
27.01.2019	$0,206	0,179 €	276.651	3.123,21 €
28.01.2019	$0,273	0,238 €	308.062	3.012,22 €
29.01.2019	$0,244	0,212 €	326.162	2.984,93 €
30.01.2019	$0,228	0,198 €	321.980	3.009,76 €
31.01.2019	$0,284	0,247 €	353.945	3.002,86 €
Durchschnitt	**$0,252**	**0,219 €**	**297.489,61**	**3.224,91 €**

Tabelle 1: Wechselkurs, Transaktionen und -Gebühren im Januar 2019

Anhang

Grundlage der Daten der obigen Tabelle für Transaktionsanzahl, Transaktionsgebühren in USD, Wechselkurs und BTC-EUR-Kurs stellen folgende Websites dar:

- https://www.blockchain.com/de/charts/n-transactions
- https://www.boerse-online.de/devisen/bitcoin-euro-kurs
- https://bitinfocharts.com/de/comparison/bitcoin-transaction-fees.html#3m
- https://wahrungsrechner.org/historisch?currencyfrom=us-dollar&currencyto=euro&p=1

Die Transaktionsgebühren in USD wurden mittels des tagesdurchschnittlichen USD-EUR-Kurs vom 31.01.2019 umgerechnet (1,149 EUR/USD). Für alle obig angegebenen Internetquellen gilt als letztmaliges Abrufdatum der 12.03.2019.

Abbildung 2: Kursverlauf des Bitcoins im Januar 2019
Eigene grafische Aufbereitung des Bitcoin-Euro-Kurses im Januar 2019

Folgende Tabelle und Graphik zeigt die Verteilung weitergeleiteter Blöcke (neu angekettete Blöcke) der Bitcoin-Blockchain im Zeitraum vom 15.02.2019-19.02.2019. Hier wird verdeutlicht, welche Anzahl von Blöcken von welchem Mining-Pool erstellt wurde. Blöcke, die nicht zugeordnet werden konnten, werden dem Posten „Unbekannt" zugeteilt. Im Schnitt werden 80% der neu angeketteten Blöcke von bekannten Mining-Pools erstellt.

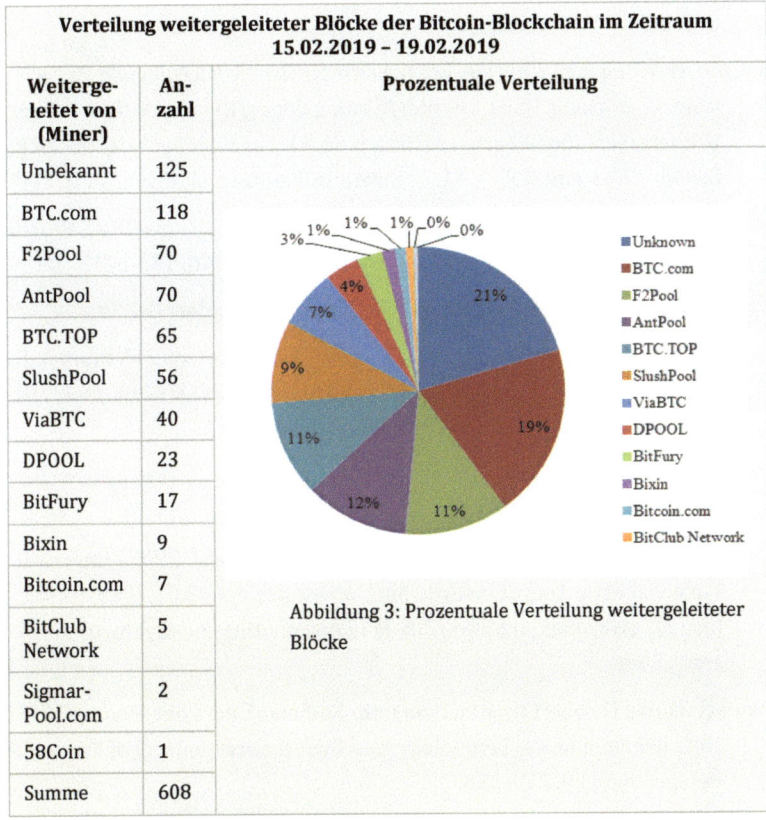

Verteilung weitergeleiteter Blöcke der Bitcoin-Blockchain im Zeitraum 15.02.2019 – 19.02.2019		
Weitergeleitet von (Miner)	Anzahl	Prozentuale Verteilung
Unbekannt	125	
BTC.com	118	
F2Pool	70	
AntPool	70	
BTC.TOP	65	
SlushPool	56	
ViaBTC	40	
DPOOL	23	
BitFury	17	
Bixin	9	
Bitcoin.com	7	
BitClub Network	5	
SigmarPool.com	2	
58Coin	1	
Summe	608	

Abbildung 3: Prozentuale Verteilung weitergeleiteter Blöcke

Tabelle 2: Verteilung weitergeleiteter Blöcke[193]

---

[193] Grundlage der Daten ist die Homepage https://www.blockchain.com/de/pools?timespan=4days, letztmalig abgerufen am 19.02.2019.

Literaturverzeichnis

Baetge, Jörg, Hans-Jürgen Kirsch und Stefan Thiele (2001) *Bilanzen*, 13. Aufl., Düsseldorf: IDW Verlag.

Ballwieser, Wolfgang (2009): *B 131 Grundsätze der Aktivierung und Passivierung*, in: Böcking, Hans-Joachim/Castan, Edgar/Heymann, Gerd/Pfitzer, Norbert/Scheffler, Eberhard (Hrsg.): *Beck'sches Handbuch der Rechnungslegung – HGB und IFRS –*, 31. Ergänzungslieferung. München: C. H. Beck.

Barckow, Andreas (2017) „Interview mit dem Präsidenten des DRSC, Prof. Dr. Barckow" PiR – Internationale Rechnungslegung, 7-8, 197-201.

Barfuss, Karl-Marten (1983) *Geld und Währung*, Wiesbaden: Gabler.

Baur, Dirk G., KiHoon Hong und Adrian D. Lee (2017) „Bitcoin: Medium of Exchange or Speculative Assets?" URL: https://papers.ssrn.com/sol3/papers.cfm?abstract_id=2561183&download=yes.

Beck, Benjamin (2015) „Bitcoins als Geld im Rechtssinne", Neue juristische Wochenschrift, 9, 580-586.

Berchowitz, Gary (2017) „Accounting for Cryptocurrency", PWC – International Financial Reporting Standards Blog, abgerufen am 13.02.2019, URL: https://pwc.blogs.com/ifrs/2017/11/accounting-for-cryptocurrency.html.

Böhme, Rainer, Nicolas Christin, Benjamin Edelman und Tyler Moore (2015) „Bitcoin: Economics, Technology, and Governance", Journal of Economic Perspectives, 29, 213-238.

Brühl, Volker (2017) „Bitcoins, Blockchain und Distributed Ledgers - Funktionsweise, Marktentwicklungen und Zukunftsperspektiven", Wirtschaftsdienst, 97 (2), 135-142.

Berger, Jens und Felix Fischer (2018) „Abbildung von Kryptowährungen in den IFRS", Betriebsberater, 1195-1199.

Cocco, Luisanna, Andrea Pinna und Michele Marchesi (2017) „Banking on Blockchain: Costs Savings Thanks to the Blockchain Technology", Future Internet, 9 (3), 1-20.

Deloitte (Hrsg.) (2018) „Thinking Allowed – Cryptocurrency: Financial Reporting implications", abgerufen am 08.01.2019, URL: https://www.iasplus.com/en/publications/global/thinking-allowed/2018/thinking-allowed-cryptocurrency-financial-reporting-implications.

Deutsche Bundesbank (2017a) „Geld und Geldpolitik", Frankfurt am Main, abgerufen am 05.02.2019, URL: https://www.bundesbank.de/de/service/schule-und-bildung/unterrichtsmaterialien/sekundarstufe-ii.

Deutsche Bundesbank (2017b) „Zahlungsverhalten in Deutschland 2017: Vierte Studie über die Verwendung von Bargeld und unbaren Zahlungsinstrumenten", Frankfurt am Main, abgerufen am 05.02.2019, URL: https://www.bundesbank.de/zahlungsverhalten.

Deutscher Bundestag (2018) „Einzelfragen zur Regulierung und zur Nutzung von Kryptowährungen", Berlin, Aktenzeichen: WD 4- 3000 – 021/18, abgerufen am 11.02.2018, URL: https://www.bundestag.de/blob/547154/f316613869fff44f54cd6eaaa053f1b7/wd-4-021-18-pdf-data.pdf.

Engelkamp, Paul und Friedrich L. Sell (2013) *Einführung in die Volkswirtschaftslehre*, 6. Auflage, Berlin: Springer Gabler.

European Securities and Markets Authority (2016) „The Distributed Ledger Technology Applied to Securities Markets", Discussion Paper ESMA/2016/773, abgerufen am 29.01.2019, URL: https://www.esma.europa.eu/sites/default/files/library/2016-773_dp_dlt.pdf.

Europäische Zentralbank (2015) „Virtual Currency Schemes – a further analysis", abgerufen am 09.02.2019, URL: https://www.ecb.europa.eu/pub/pdf/other/virtualcurrencyschemesen.pdf.

Feng, Wenjun, Yiming Wang und Zhemgjun Zhang (2018) „Informed trading in the Bitcoin market", Finance Research Letters, 26, 63-70.

Franco, Pedro (2015) *Understanding Bitcoin – cryptography, engineering, and economics*, Chichesterm: Wiley.

Fiedler, Salomon, Klaus-Jürgen Gern und Ulrich Stolzenburg (2018) „Kryptowährungen – Geld der Zukunft?", Wirtschaftsdienst, 98, 752-754.

Frick, Wilhelm (2007) *Bilanzierung nach dem Unternehmensgesetz*, 8., aktualisierte Auflage, Heidelberg: Redline Wirtschaft.

Fuster, Thomas (2017) „Bitcoin ist in Venezuela zur wichtigsten Parallelwährung aufgestiegen", Neue Züricher Zeitung, abgerufen am 24.02.2019, URL: https://www.nzz.ch/wirtschaft/kryptowaehrungen-notwehr-gegen-den-staat-ld.1305160.

Geiling, Luisa (2016) „Distributed Ledger: Die Technologie hinter den virtuellen Währungen am Beispiel der Blockchain", BaFin Journal im Februar 2016, abgerufen am 10.01.2019,URL: www.bafin.de/SharedDocs/Downloads/DE/BaFinJournal/2016/bj_1602.pdf.

Gerlach, Ingo und Peter Oser (2018) „Ausgewählte Aspekte zur handelsrechtlichen Bilanzierung von Kryptowährungen", Der Betrieb, 26, 1541-1547.

Gertchev, Nikolay (2013) „The Money-ness of Bitcoins", Mises Daily Articles, abgerufen am 06.02.2019, URL: https://mises.org/library/money-ness-bitcoins.

Glaser, Florian, Kai Zimmermann, Martin Haferkorn, Moritz Christian Weber und Michael Siering (2014) „Bitcoin – Asset or Currency? Revealing Users´s hidden intentions", Proceedings of the 22nd European Conference on Information Systems, URL: https://papers.ssrn.com/sol3/papers.cfm?abstract_id=2425247&download=yes.

GrantThornton (2018) „IFRS Viewpoint. Accounting for crypto assets – mining and validation issues", IFRS Viewpoint 10, abgerufen am 23.02.2019, URL: https://www.grantthornton.global/globalassets/1.-member-firms/global/insights/article-pdfs/2018/accounting-for-crypto-assets---ifrs-viewpoint-10.pdf.

Haaker, Andreas (2018) „Bitcoin: „substanzloses" Gold jenseits des IAS 38", Der Betrieb, 22, M4-M5.

Hanl, Andreas und Jochen Michaelis (2017) „Kryptowährungen – ein Problem für die Geldpolitik?", Wirtschaftsdienst, 97 (5), 363-370.

Hardes, Heinz-Dieter (2000) *Grundzüge der Volkswirtschaftslehre*, 7., neubearbeitete Auflage, München: Oldenbourg Wissenschaftsverlag.

Hassler, Rainer, Oliver Behys, Helmut Kerschbaumer (2010) *Praxisleitfaden zur internationalen Rechnungslegung (IFRS). Fallbeispiele, Musterabschluss, Anhangscheckliste*, 4., überarbeitete und erweiterte Auflage, Wien: Linde.

Hileman, Garrick (2014) „The Bitcoin Market Potential Index", URL: https://papers.ssrn.com/sol3/papers.cfm?abstract_id=2752757.

Hülsmann, Jörg Guido (2008) *The Ethics of Money Production*, Auburn, Alabama: Ludwig von Mises Institute.

Jarchow, Hans-Joachim (2010) *Grundriss der Geldtheorie*, 12. Ausgabe, Stuttgart: Lucius & Lucius Verlag.

Jevons, William Stanley (1898) *Money and the Mechanism of Exchange*, New York: D. Appleton and Co.

Jo Pesch, Paulina (2017) „Cryptocoin-Schulden: Haftung und Risikoverteilung bei der Verschaffung von Bitcoins und Alt-Coins", in: *Information und Recht*, Band 85, Hoeren, Thomas; Gerald Spindler, Bernd Holznagel u.a. (Hrsg.), München: C.H. Beck.

Kaiser, Benjamin, Mireya Jurado und Alex Ledger (2018) „The Looming Threat of China: An Analysis of Chines Influence on Bitcoin", abgerufen am 20.02.2019, URL: https://arxiv.org/pdf/1810.02466.pdf.

Keiling, Mario und Stephan Romeike (2018) „Die Bilanzierung von Kryptowährungen – Wie Coins und Tokens im IFRS-Abschluss zu erfassen sind", KoR-IFRS, 6, 268-274.

Kirsch, Hans-Jürgen und Fabian von Wieding (2017) „Bilanzierung von Bitcoin nach HGB", Betriebsberater, 2731-2735.

Kirsch, Hans-Jürgen und Fabian von Wieding (2018) „Bestandsbilanzierung von Bitcoin im IFRS-Kontext", Zeitschrift für internationale rechnungslegung, 3, 115-120.

Loitz, Rüdiger (2018) „Kryptische Bilanzierung von Kryptowährungen", Der Betrieb, 50, M4-M5.

Lüdenbach, Norbert (2018) „Bitcoins – Lost in Rules. Die IFRS-Bilanzierung von Bitcoin-Aktiva und –Passiva zwischen Kasuistik und Pathologie", PiR - Internationale Rechnungslegung, 4, 103-107.

Makarov, Igor und Antoinette Schoar (2018) „Trading and Arbitrage in Cryptocurrency Markets", URL: https://papers.ssrn.com/sol3/papers.cfm?abstract_id=3171204.

Mankiw, N. Gregory (2013) *Macroeconomics*, 8. Auflage, Basingstoke England: Palgrave Macmillan.

Meiklejohn, Sarah, Marori Pomarole, Grant Jordan, Kirill Levchenko, Damon McCoy, Geoffrey M. Voelker und Stefan Savage (2013) „A fistful of Bitcoins: Characterizing Payments among Men with No Names", in Proceedings of the 2013 ACM Internet Measurement Conference, 127-140, abgerufen am 11.01.2019, URL: https://cseweb.ucsd.edu/~smeiklejohn/files/imc13.pdf.

Menger, Carl (2007) *Principles of Economics*, Auburn, Alabama: Ludwig von Mises Institute.

Möser, Malte, Rainer Böhme und Domenic Breuker (2014) „Towards Risk Scoring of Bitcoin Transactions" in Böhme, Brenner, Moore, Smith (Hrsg.) *Financial Cryptography and Data Security*, Heidelberg: Springer.

Moxter, Adolf (1993) *Bilanzrechtssprechung*, 3., vollst. umgearb. Auflage, Tübingen: Mohr.

Münzer, Jens (2014) „ Bitcoins – Aufsichtliche Bewertung und Risiken für Nutzer", BaFin Journal, 01/2014, 26-30.

Nakamoto, Satoshi (2008) „Bitcoin: A Peer-to-Peer Electronic Cash System", abgerufen am 18.09.2018, URL: https://bitcoin.org/bitcoin.pdf.

Nakamoto, Satoshi (2009) *„Bitcoin open source implementation of P2P currency"*, Diskussion auf der Homepage des P2P-Networks, abgerufen am 29.01.2019, URL: http://p2pfoundation.ning.com/forum/topics/bitcoin-open-source.

Pellens, Bernhard, Rolf Uwe Fülbier, Joachim Gassen, Thorsten Sellhorn (2017) *Internationale Rechnungslegung*, 10. Auflage, Stuttgart: Schäffer-Poeschel.

Poon, Joseph und Thaddeus Dryja (2016) „The Bitcoin Lightning Network: Scalable Off-Chain Instant Payments", abgerufen am 12.02.2019, URL: www.lightning.network/lightning-network-paper.pdf.

Pospiech, Jasmin (2018) „Unglaublich: Hier können sie bereits mit Bitcoin bezahlen" in Merkur.de, abgerufen am 27.02.2019, URL: https://www.merkur.de/leben/geld/kann-jetzt-schon-bitcoins-zahlen-zr-8777577.html.

Prochazka, David (2018) „Accounting for Bitcoin and Other Cryptocurrencies under IFRS: A Comparison and Assessment of Competing Models", The International Journal of Digital Accounting Research, 18, 161-188.

Richter, Lutz und Christian Augel (2017) „Geld 2.0 (auch) als Herausforderung für das Steuerrecht", Finanz-Rundschau, 20, 937-949.

Rysman, Marc und Scott D. Schuh (2016) „New Innovations in Payment", NBER Working Paper No. w22358, URL: https://ssrn.com/abstract=2797952.

Schubert, Wolfgang J., Patrick N. Waubke, Kai C. Andrejewski, Klaus Roscher u.a. (2016) *Beck'scher Bilanz-Kommentar*, hrsg. von Bernd Grottel, Stefan Schmidt, Wolfgang J. Schubert und Norbert Winkeljohann, 10., neubearbeitete Auflage, München: C.H. Beck.

Schuh, Scott und Oz Shy (2015) „U.S. Consumers´Adoption and Use of Bitcoin and other Virtual Currencies", Working Paper, abgerufen am 18.01.2019, URL: https://www.banqueducanada.ca/wp-content/uploads/2015/12/us-consumers-adoption.pdf.

Sixt, Elfriede (2017) *Bitcoins und andere dezentrale Transaktionssysteme – Blockchains als Basis einer Kryptoökonomie*, Wiesbaden: Springer Gabler.

Spindler, Gerald und Martin Bille (2014) „Rechtsprobleme von Bitcoins als virtuelle Währung", Zeitschrift für Wirtschafts- und Bankrecht (Wertpapiermitteilungen), 29, 1357-1369.

Statista (2016) „Prognose zum Anteil der Internetnutzer an der Bevölkerung in ausgewählten Ländern für das Jahr 2016", abgerufen am 11.02.2019, URL: https://de.statista.com/statistik/daten/studie/209185/umfrage/internetpenetrationsrate-in-ausgewaehlten-laendern-weltweit/.

Statista (2017) „Civey: Könnten Sie sich vorstellen, in Kryptowährungen (z.B. „BitCoin" zu bezahlen?", abgerufen am 28.02.2019, URL: https://de.statista.com/statistik/daten/studie/742385/umfrage/umfrage-in-deutschland-zur-zahlungsbereitschaft-mit-kryptowaehrungen-bitcoin/.

Stroukal, Dominik (2018) „*Can Bitcoin become Money? Its Money Functions and the Regression Theorem*", International Journal of Business and Management, 6 (1), 36-53.

Surda, Peter (2012) *Economics of Bitcoin: Is Bitcoin an alternative to fiat currencies and gold?*, zugl. Vienna University of Economics and Business, Dissertation, abgerufen am 15.03.2019, URL: https://nakamotoinstitute.org/static/docs/economics-of-bitcoin.pdf.

Thiele, Carl-Ludwig, Martin Diehl, Thomas Mayer, Dirk Elsner, Gerrit Pecksen, Volker Brühl und Jochen Michaelis (2017) „Kryptowährung Bitcoin: Währungswettbewerb oder Spekulationsobjekt: Welche Konsequenzen sind für das aktuelle Geldsystem zu erwarten?", Ifo Schnelldienst, 70 (22), 3-20.

Thurow, Christian (2014) „Bitcoin in der IFRS-Bilanzierung" Zeitschrift für internationale Rechnungslegung, 9, 197-198.

Toussaint, Guido (2009) *Das Recht des Zahlungsverkehrs im Überblick*, Berlin: De Gruyter.

Ummenhofer, Theresa und Nicholas Zeitler (2018) „Die bilanzielle Behandlung von Kryptowährungen nach HGB", Der Konzern, 11, 442-450.

Venter, Henri (2016) „Digital Currency – A Case for standard setting activity. A perspective by the Australian Accounting Standards Board", principal ASAF Meeting, ASAF Agenda ref: 5, abgerufen am 18.09.2018. URL: https://www.aasb.gov.au/admin/file/content102/c3/AASB_ASAF_DigitalCurrency.pdf.

Voshmgir, Shermin (2016) *Blockchain, Smart Contracts und das Dezentrale Web*, Christian Hammel (Hrsg.), Berlin: Technologie Stiftung Berlin, abgerufen am 12.01.2019, URL: https://www.technologiestiftung-berlin.de/fileadmin/daten/media/publikationen/170130_BlockchainStudie.pdf.

Yermack, David (2013) „Is Bitcoin a Real Currency? ", New-York: New York University, Stern School of Business, abgerufen am 02.02.2019, URL: https://www.nber.org/papers/w19747.pdf.

Fachnormverzeichnis

IASB (2001) IAS 25 Bilanzierung von Finanzinvestitionen [IAS 25], heute nicht mehr gültig und ersetz durch IAS 39 und IAS 40.

IASB (2001) IAS 39 Implementation Guidance: Q&A [IAS 39.IG], abgerufen am 27.01.2019, URL: https://www.iasplus.com/en/binary/resource/0107batch1-5.pdf.

IASB (2003) IAS 2 Vorräte [IAS 2].

IASB (2005) IAS 37 Rückstellungen, Eventualschulden und -forderungen [IAS 37].

IASB (2008) IAS 21 Auswirkungen von Änderungen der Wechselkurse [IAS 21].

IASB (2011) IAS 32 Finanzinstrumente: Ausweis [IAS 32].

IASB (2011) IAS 39 Finanzinstrumente: Ansatz und Bewertung [IAS 39].

IASB (2013) IAS 36 Wertminderung von Vermögenswerten [IAS 36].

IASB (2013) IFRS 13 Bemessung des beizulegenden Zeitwerts [IFRS 13].

IASB (2014) IAS 16 Sachanlagen [IAS 16].

IASB (2014) IAS 38 Immaterielle Vermögenswerte [IAS 38].

IASB (2014) IAS 41 Landwirtschaft [IAS 41].

IASB (2014) IFRS 15 Erlöse aus Verträgen mit Kunden [IFRS 15].

IASB (2016) IAS 40 Als Finanzinvestition gehaltene Immobilien [IAS 40].

IASB (2016) IAS 7 Kapitalflussrechnungen [IAS 7].

IASB (2017) IAS 32.AG: Anleitungen zur Anwendung [IAS 32.AG].

IASB (2017) IFRS 9 Finanzinstrumente [IFRS 9].

IASB (2018) IAS 8 Bilanzierungs- und Bewertungsmethoden, Änderungen von Schätzungen und Fehler [IAS 8].

IASB (2018) Rahmenkonzept für die Finanzberichterstattung [IASB.CF].

Rechtsprechungsverzeichnis

Gericht und Datum	Aktenzeichen	Fundstelle
KG Berlin, 25.09.2018	(4) 161 Ss 28/18 (35/18)	NJW 2018, S. 3734
BFH, 14.12.1982	VIII R 53/81	BStBl. II 1983 S. 303

Rechtsquellenverzeichnis

Bürgerliches Gesetzbuch [BGB] in der Fassung der Bekanntmachung vom 02.01.2002, zuletzt geändert durch Art. 7 G vom 31.01.2019, BGBl. I 2019, S. 54.

Handelsgesetzbuch [HGB] vom 10.05.1897, zuletzt geändert durch Art. 3 G vom 10.07.2018, BGBl. I 2018, S.1102.

Wertpapierhandelsgesetz [WpHG] in der Fassung der Bekanntmachung 09.09.1998, zuletzt geändert durch Art. 3 G vom 18.01.2019, BGBl. I 2019, S.37.